Für meine Familie
Julie Sodré

Für Ted, Hannes, Sanja, Zoë
und alle Kinder,
die mit der Liebe zur Natur
groß werden dürfen
Till Meyer

Tiere
unserer
Heimat

Wir entdecken
die Vielfalt der Natur

Texte von
Till Meyer

Illustrationen von
Julie Sodré

KNESEBECK

Inhalt

Eine Begegnung der anderen Art

Sonntagmorgen im Mai, kurz vor sieben Uhr. Aus der Nobeldisco P1 am Rand des Englischen Gartens in München kommen einige Frauen und Männer. Plötzlich bleiben sie stehen und starren verdutzt auf eine andere Gruppe, die an ihnen vorbeizieht: Die meisten der Frühaufsteher sind bekleidet mit bunten Fleecejacken oder Anoraks und tragen Ferngläser, einige auch Rucksäcke, aus denen Fernrohre und Stative ragen. Es sind Teilnehmer einer vogelkundlichen Exkursion auf dem Weg zum Englischen Garten. Angesichts dieser seltsamen Prozession, die wie ein Expeditionstrupp aus einem Abenteuerfilm wirkt, malt sich auf den Gesichtern der Discogänger Staunen und Spott. Die Fernglasträger kümmert das nicht. Denn noch bevor die Partyfreunde mit schwerem Kopf in ihre Kissen gesunken sind, wird unser kleiner Trupp Grünspechte, Mönchsgrasmücken, Wasseramseln, Bergstelzen, Rotkehlchen, Trauerschnäpper, Wacholderdrosseln, Mehl- und Rauchschwalben, Gänsesäger, einen Graureiher, einen Pirol, einen Kuckuck und sogar einen Baumfalken erlebt haben.

Dieses Buch handelt von einer Parallelwelt, die viele Menschen, wenn überhaupt, nur noch aus dem Fernsehen kennen: der Welt der wild lebenden Tiere. Diese Welt ist von ganz eigener Art und voller Überraschungen. Aber vor allem ist sie gar nicht so weit weg von jenen Welten, die wir besser zu kennen glauben. Oft nur einen kleinen Fußmarsch entfernt, manchmal sogar in Hör- und Sichtweite von Shoppingcentern und Autobahnrastplätzen brechen Wildschweine durchs Unterholz, ziehen Bussarde am Himmel ihre Kreise, flötet die Singdrossel, attackiert eine Wacholderdrossel ein Eichhörnchen und ruft ein Kauz.

Diese Welt erschließt sich dem Interessierten nicht ohne Weiteres. Ein bisschen Ahnung sollte man schon davon haben, wo und wann man bestimmte Wildtiere antreffen kann. Sie sind in diesem Buch deswegen nach Lebensräumen geordnet. Jeder Lebensraum ist wiederum dem Monat zugedacht, in dem man ihn besonders aussichtsreich erkunden kann. Ein zusätzlicher Beobachtungstipp könnte dann den Ausflug zu einem ganz besonderen Erlebnis machen.

Um in möglichst kurzer Zeit möglichst viel beobachten zu können, ist es wichtig, jemanden bei sich zu haben, der sich gut auskennt. Einen Erfahrenen also, der jeden Pieps

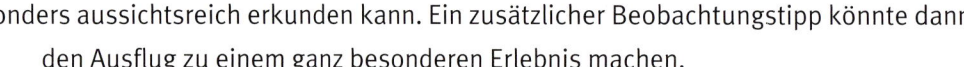
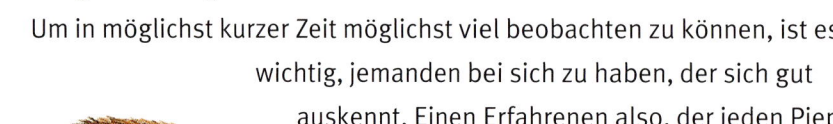

im Geäst einem Vogel zuordnen kann und nicht nur viele Geschichten von Wald und Flur zu erzählen weiß, sondern auch so manch hohlen Baum kennt, aus dessen Spitze ein Waldkauz herausschaut, wenn man am unteren Stamm klopft.

Das Buch kann einen pfiffigen Exkursionsleiter sicher nicht ersetzen, aber es soll zeigen, wie viel Spaß ein Ausflug in die Natur macht, wenn man einige Kenntnisse besitzt. Je mehr man weiß, umso mehr wird man sehen – so einfach ist das! Geführte Naturwanderungen werden von vielen Volkshochschulen und allen Nationalparks angeboten. Doch auch der aufmerksame Einzelgänger kann mithilfe von Bestimmungsbüchern sehr viel lernen.

Aber ob man nun in der Gruppe oder allein losgeht, ob man im Mai den Stadtpark besucht oder im September das Seeufer unsicher macht – wer Natur erleben will, muss sich um sie bemühen. Und das erfordert nicht nur Zeit, Geduld und die Bereitschaft, sich auf Unvorhergesehenes einzustellen, sondern auch eine entsprechende Ausrüstung. Feste Schuhe sind also ein Muss, und Regenbekleidung sowie Pullover gehören auch im Sommer unbedingt ins Gepäck!

Keiner sollte aus dem oft heiteren Ton dieses Buches schließen, dass Naturerkenntnisse immer nur Anlass zur Freude geben. Aldo Leopold, ein amerikanischer Forstmann und Wildbiologe, meinte schon 1947: »Der Nachteil einer ökologischen Bildung ist, dass wir in einer Welt voller Wunden immer einsamer werden!«

Das ist richtig: Wer draußen in der Natur unterwegs ist und sich einen Blick für alles, was wächst, kriecht, fliegt oder krabbelt, erworben hat, der bemerkt auch viel schneller als andere, wenn etwas nicht stimmt. Doch anders als vor sechzig Jahren, als Leopold dies niederschrieb, bemerken heute immer mehr Menschen, dass die bunte Vielfalt unserer Umwelt, die so viele Erlebnisse bereit hält, alles andere als selbstverständlich ist. Es gibt wohl kaum eine bessere Voraussetzung, um als Naturschützer aktiv zu werden.

Welches Tier ist es?

Jedes Kapitel enthält ein Rätsel.
Merke dir von dessen Lösungswort einen
Buchstaben und setze aus diesen am
Schluss den Namen eines Tieres zusammen!

Du findest die Lösungen im Anhang.

Kleiber

Buntspecht

Kohlmeise

1. Januar
In Stadt und Garten

Die kalte Jahreszeit ist ideal, um Wildtieren
auf die Spur zu kommen – selbst mitten
in der Stadt und vor der eigenen Haustür.

Wissenschaftler, die wilde Tiere in ihren Lebensräumen erforschen, bezeichnet man als Wildbiologen. Besonders wichtig ist für viele von ihnen der Beginn des Jahres, wenn es kalt ist und möglichst frisch geschneit hat. Denn in einer verschneiten Landschaft lesen Wildbiologen wie in einem offenen Buch: Gibt es vielleicht wieder Luchse im Revier? Hier halten sich Hirsche, Rehe und Wildschweine auf! Dort ist ein Hase entlanggehoppelt!

Auch Vögel zeigen an, ob sich ein Lebensraum für Tiere besonders eignet. Jetzt sind viele von ihnen besonders leicht zu beobachten. Aber wieso ausgerechnet im kalten, nahrungsarmen Winter? Ganz einfach: Erstens haben die Laubbäume im Winter meist keine Blätter, hinter denen sich die Vögel verstecken können. Die Tiere lassen sich so sehr viel leichter bestimmen als im Frühjahr oder Sommer. Blaumeisen zum Beispiel kann man jetzt ganz einfach von Kohlmeisen unterscheiden, Kleiber von Baumläufern oder Buchfinken von Kernbeißern. Zweitens kommen im Winter die unterschiedlichsten Vögel an ganz bestimmten Orten zusammen, zum Beispiel an den Futterplätzen in den Gärten und an eisfreien Stellen der Parkseen. Drittens leben im Winter etliche Vogelarten bei uns, die es hier im Sommer gar nicht gibt! Viele der gefiederten Besucher stammen aus Skandinavien oder aus Russland. Dazu gehören etwa der Seidenschwanz und der Fichtenkreuzschnabel. Verglichen mit ihrer unwirtlichen Brutheimat fühlen sie sich bei uns im winterlichen Mitteleuropa wie im warmen Süden! Viertens ziehen viele Vögel im Winter vom Umland in die Städte. Dort finden sie zwischen den Büschen und Bäumen häufig mehr Nahrung und Unterschlupf als auf dem Land, wo im Herbst alles gemäht und umgeackert wurde.

Um die verschiedenen Vogelarten aus nächster Nähe kennenzulernen, beobachtet man am besten Vogelhäuschen. Hier geht es beinahe so lebhaft zu wie an den Wasserlöchern in Afrika, zu denen die Tiere von weither kommen, um zu trinken. Aber Achtung, wenn du die Vögel füttern willst: Vogelfutter ist nicht gleich Vogelfutter!

Schneehase

Gänsesäger

Kolbenente

Amsel, Rotkehlchen, Zaunkönig und Star, die sogenannten Weichfresser, können mit Sonnenblumenkernen nichts anfangen, freuen sich aber über Rosinen und Haferflocken. Zu den Körnerfressern gehören dagegen Buchfink, Kernbeißer, Grünfink, Dompfaff und Stieglitz. Schließlich gibt es noch die Allesfresser unter den Vögeln. Sie leben zwar das Jahr über hauptsächlich von Insekten, können sich aber im Winter gut auf Samen umstellen. Zu ihnen gehören Meisen, Spechte und Kleiber. Die ideale Futtermischung für viele Vogelarten ist Rinderfett mit Körnern. Das findest du zum Beispiel in den Meisenringen.

Aber nicht jedes Futterhäuschen ist ein Magnet der Artenvielfalt. Wenn sich trotz vielfältiger Futtermischungen kaum Vögel blicken lassen, liegt das oft an der ungastlichen Umgebung. Vielleicht bietet das Häuschen keinen Schutz vor Wind und Wetter? Wachsen in der Umgebung dagegen Hecken und Büsche, erhöht sich auch die Chance, viele Vogelarten beobachten zu können. Noch besser ist es natürlich, wenn Büsche und Sträucher selbst das Futter liefern, nämlich Beeren. Naturschützer haben herausgefunden, dass es in der Vogelwelt eine Hitparade von Bäumen und Sträuchern gibt. Der unangefochtene Sieger ist die Vogelbeere. Platz zwei und drei besetzen die Beeren des schwarzen Holunders und des Pfaffenhüttchens.

Ein Paradies für Wildvögel ist der Naturgarten. Die Nachbarn rümpfen zwar gelegentlich über eine solche Wildnis die Nase, weil sie so unordentlich wirkt. Doch ein Blick durch das Fernglas würde sie wahrscheinlich zu engagierten Naturschützern machen. Gerade die sogenannten Unkräuter, wie vertrocknete Brennnesseln

Beobachtungstipp

Um Vögel zu beobachten, braucht man ein Fernglas. Aber welches Fernglas ist das richtige? Wichtig ist der Vergrößerungsfaktor. Ein Fernglas mit den Daten 10 x 40 vergrößert die Vögel um das Zehnfache. Ein Vogel, der 10 Meter weit weg sitzt, erscheint durch das Fernglas so, als ob man ihn mit bloßem Auge aus einem Meter Entfernung sieht. Die Zahl 40 bezeichnet den Objektivdurchmesser in Millimetern und ist das Maß für die Lichtmenge, die in das Fernglas eindringen kann. Für die Vogelbeobachtung bei Tag reichen 20 Millimeter. In der Morgendämmerung oder am Abend, wenn Vögel besonders aktiv sind, braucht man größere Durchmesser.
Ein Fernglas ist ein Präzisionsinstrument, gleichzeitig muss es viel aushalten: Wind und Wetter, dorniges Geäst und Erschütterungen. Beim Kauf nach Schnäppchen zu suchen ist also nicht ratsam!

und Disteln, bergen im Winter eine Vielzahl von Samen, über die sich seltenere Wintergäste wie Stieglitz und Birkenzeisig mit Begeisterung hermachen.

Auch Wasservögel sind in der kalten Jahreszeit einfach zu beobachten. Bereits beim winterlichen Spaziergang entlang eines Sees lassen sich die unterschiedlichsten Arten bestimmen. Denn jetzt tragen die Erpel, also die Enten-Männchen, ihr Prachtkleid. Mit dieser Imponierbefiederung gehen sie dann im Frühling auf Brautschau.

Unter den einheimischen Enten kannst du nun so manchen Gast aus den nördlichen Breiten ausmachen, etwa die Krickenten, Reiherenten, Spießenten oder Schnatterenten. Diese Entenarten werden auf der Roten Liste als »gefährdet« oder »stark gefährdet« geführt. Nicht mehr ganz so bedroht sind inzwischen Gänsesäger. Ihren lustigen Namen verdanken die Verwandten der Enten den scharfen Sägezähnchen in ihrem Schnabel. Damit können sie prima Fische fangen! Gänsesäger gibt es inzwischen wieder häufiger, weil viele Flüsse klarer geworden sind und die Vögel darin mehr Beute finden.

ARTENVIELFALT BEGINNT IM KOPF. Vielen fallen beim Stichwort Artenschutz nur Königstiger und Pandabär ein. Warum? Weil sie die Vielfalt der Tierarten nicht selbst entdecken, sondern nur wiederkäuen, was sie irgendwo gehört haben! Wer jedoch Vögel beobachtet, lernt nicht nur, viele verschiedene Arten zu bestimmen. Er kann auch bald über den Zusammenhang zwischen Erscheinungsbild, Nahrung und Lebensraum Auskunft geben. Und von dort ist es nicht mehr weit bis zur Anteilnahme am Schicksal der Tiere: Wer sich auf diese Weise etwa mit der Kolbenente beschäftigt hat, der möchte alles tun, um diesem hübschen Vogel die Nachbarschaft mit uns Menschen zu erleichtern.

Dompfaff

Grünfink

Blaumeise

Rotkehlchen

Amsel

Welches Tier ist es?

Man könnte ihn auch als »Specht der Flussufer« bezeichnen, denn am liebsten gräbt er seine Höhlen in deren abgebrochene Uferkanten. Seine Flügeldecken schimmern türkis-orangefarben.

Suche es im 3. Kapitel und merke dir den ersten Buchstaben!

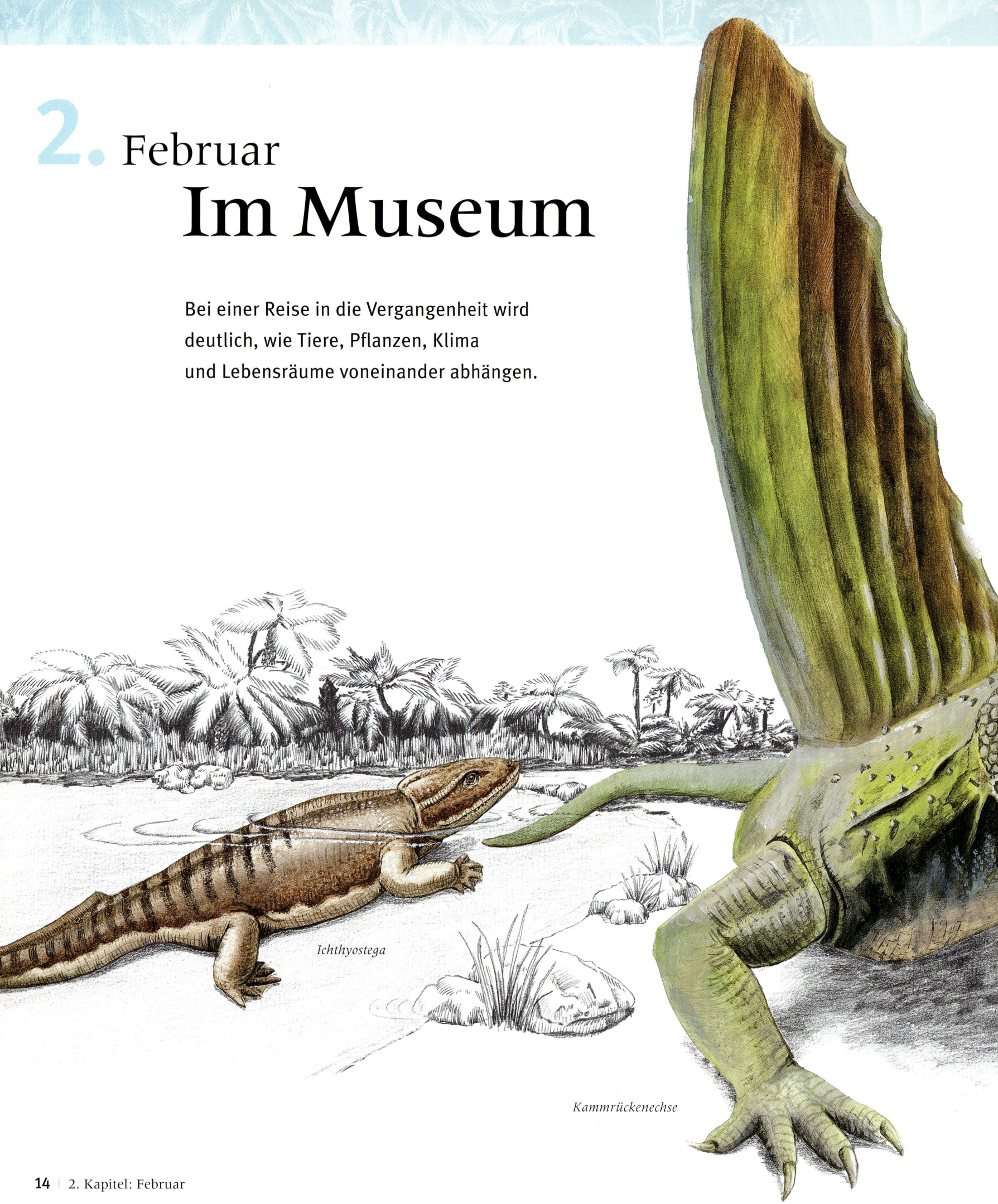

2. Februar
Im Museum

Bei einer Reise in die Vergangenheit wird deutlich, wie Tiere, Pflanzen, Klima und Lebensräume voneinander abhängen.

Ichthyostega

Kammrückenechse

Archäopterix

V iele Sagen und Märchen haben einen wahren Kern. Siegfried zum Beispiel, der Held des *Nibelungenliedes*, tötete einst einen Drachen. Wenn wir uns heute die Abbildungen anschauen, die die Menschen damals von den »Drachen« anfertigten, fällt auf, dass die Tiere den Dinosauriern verblüffend ähnlich sehen: Die geschuppte Haut, der lange Hals, das große Maul mit den riesigen Zähnen, die skurrilen Rückenschilde, selbst die Flügel auf dem Rücken lassen sich bei urzeitlichen Reptilien nachweisen. Paläontologie ist die Wissenschaft von den Lebewesen vergangener Erdzeitalter. Diese Wissenschaftler heißen Paläontologen.

Natürlich ahnte zur Zeit der Nibelungen niemand, dass die Knochen, auf die man etwa bei der Ausschachtung eines Burggrabens gestoßen war, von Kammrückenechsen stammten, die vor 250 Millionen Jahren gelebt hatten. Oder dass es vor 50 Millionen Jahren bei uns Krokodile und vor 500 000 Jahren Wollnashörner und Höhlenlöwen gegeben hatte. Man wusste noch nicht einmal, dass Tiere überhaupt aussterben können, sondern nahm an, dass die Monster noch verborgen in Wäldern oder Höhlen hausen. Erst Forscher wie Charles Darwin (1809–1882) erkannten, dass es sich bei den Funden um Überreste von Tieren handelte, die ausgestorben waren, weil sich äußere Faktoren, zum Beispiel das Klima, geändert hatten.

Urwildpferd

Wollnashorn

Höhlenlöwe

Komm also mit in ein Naturkundemuseum! Denn bevor wir den wilden Tieren in freier Natur nachspüren, sollten wir unbedingt einige ihrer Vorfahren kennenlernen.

Mit dem Wort Evolution meint man die Entwicklungsgeschichte der gesamten Tier- und Pflanzenwelt. Im Verlauf dieser Entwicklungsgeschichte entstanden viele verschiedene Tierarten. In vielen Naturkundemuseen ist die Evolution von der Urzeit bis heute täuschend echt nachgestellt. Im Münchner Museum »Mensch und Natur« zum Beispiel findet man sich in einer Welt wieder, wie sie vor vier Milliarden Jahren ausgesehen haben könnte: Vulkane mit frisch erkalteter Lava umgeben uns, ein urzeitlicher See erstreckt sich unter einem bedrohlichen Unwetterhimmel. Aber

Welches Tier ist es?

Er klettert flink und ruckartig die Bäume hinauf oder kopfüber hinunter. Seine Bruthöhlen kleistert er zu, um größeren Tieren den Zugang zu versperren.

Suche es im 1. Kapitel und merke dir den vierten Buchstaben!

man schaut vergeblich nach einer Blume oder überhaupt etwas Grünem, auch keinen Vogel oder Käfer findet man und ebenso wenig Menschen. Die ersten Spuren von Leben sind nämlich 3,7 Milliarden Jahre alt, das sind 37 Mal 100 Millionen Jahre! Der heutige Mensch läuft gerade mal zwei Millionen Jahre auf der Erde herum. Das Spannende an naturkundlichen Museen ist, dass man mit wenigen Schritten große Sprünge durch die Vergangenheit machen kann.

Seltsame Tiere begegnen uns hier, wie der dackelgroße Ichthyostega, der sozusagen die Brücke zwischen Fischen und Amphibien bildet, man nennt ihn deshalb ein Brückentier. Brückentiere besitzen sowohl Merkmale von erdgeschichtlich älteren als auch jüngeren Gruppen. Ein bekanntes Brückentier ist auch der Archäopterix, der vor 175 Millionen Jahren lebte und eine Übergangsform darstellt zwischen Reptilien und Vögeln.

Die Umwelt der Urtiere bestand aus relativ wenigen Pflanzenarten, wie Schachtelhalmen, Farnen, Bärlappgewächsen und Moosen. Das waren Pflanzen, die keine Blüten hatten, sondern sich nur durch Sporen vor Ort vermehren konnten. Die erste Blume, wahrscheinlich eine Seerose, blühte vor 135 Millionen Jahren.

Vor 65 Millionen Jahren ereignete sich dann die Katastrophe: Ein Asteroid stieß mit der Erde zusammen. Die Staubwolke, die der Crash verursachte, verdunkelte den Himmel für Jahrzehnte. Weil Pflanzen zum Leben Licht

Küchenschelle

AUSSTERBEN IST FÜR IMMER. In *Jurassic Park* gelingt es Wissenschaftlern, aus winzigen Mengen Blut die urzeitlichen Dinosaurier wieder auferstehen zu lassen. Das ist reine Fantasie, denn die Tiere sind vor 65 Millionen Jahren ausgestorben. In Alaska jedoch verschwand das letzte Mammut erst vor 4000 Jahren. Tiefgekühlt im arktischen Dauerfrostboden findet man immer wieder Tierreste mit gut erhaltenem Muskelgewebe, Innereien und Körperflüssigkeiten. Wissenschaftler wollen dieses Erbmaterial nun asiatischen Elefantenkühen injizieren. Diese sollen dann kleine Mammuts gebären! Die Babys allerdings wären nur asiatische Elefanten, die wie Mammuts aussehen. Das wirkliche Mammut aus der Eiszeit lässt sich – wie der Saurier – auch mit modernster Gentechnik nicht wieder erschaffen. Aussterben ist immer für immer.

brauchen, starben viele von ihnen aus. Tiere mit Monsterappetit auf Pflanzen oder auf Pflanzenfresser hatten es dann natürlich schwer. Sie verschwanden ebenfalls. Nun konnten sich Säugetiere entwickeln, die während der Zeit der Dinosaurier ein Mauerblümchendasein gefristet hatten. Vor 10 000 Jahren starb dort, wo heute Deutschland ist, das letzte Mammut aus. Seine Rolle als zweitgrößtes Säugetier (nach dem Auerochsen) übernahm nun der Rothirsch. Dieser imposante Grasfresser lebte in großen Rudeln in der eiszeitlichen Steppe. In der weiten Steppe diente das ausladende Geweih der Rothirsche als Rangabzeichen, das die Artgenossen schon von weitem erkennen konnten.

Eine typische Steppenblume jener Zeit war die Küchenschelle, die heute eher selten ist. Dann wurde es wärmer, und dort, wo früher Steppen waren, wuchsen jetzt Bäume. Der Rothirsch wurde nun zum »König des Waldes«, auch wenn sein Geweih nicht im Wald, sondern auf den Lichtungen die gewünschte Signalwirkung entfaltete.

Aber auch andere Tiere, wie Vögel und Insekten, konnten sich, nachdem die Saurier ausgestorben waren, besser vermehren. So wurde die Natur immer vielfältiger.

Mammut

3. März
Am wilden Fluss

Biber

Weide

Wenn Flüsse schlängeln und Biber
Dämme bauen dürfen, entwickelt sich die
Natur im Frühjahr besonders artenreich.

Eisvogel

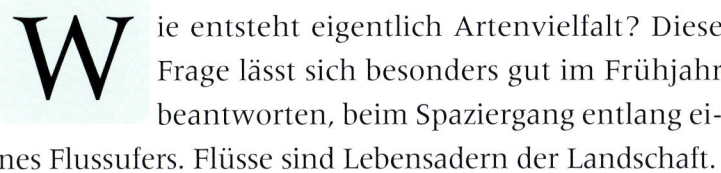

W ie entsteht eigentlich Artenvielfalt? Diese
Frage lässt sich besonders gut im Frühjahr
beantworten, beim Spaziergang entlang eines Flussufers. Flüsse sind Lebensadern der Landschaft.

Ein charakteristischer Baum an den Ufern vieler Flüsse ist die Weide. Jetzt erkennt man Weiden gut an ihren behaarten Blütenständen, den Kätzchen. Weil die Blüten mit diesem Pelz vor der Kälte geschützt sind, können Weiden schon sehr früh im Jahr blühen. Für Bienen und Hummeln bildet ihr Nektar den ersten Proviant des Jahres. In den nächsten Wochen und Monaten werden die Brummer die Hauptarbeit der Befruchtung von zahllosen Blumen und Bäumen übernehmen, nicht nur an den Flussufern, sondern auch weit im Landesinnern. Doch die Weiden vermehren sich nicht nur durch Insekten. Sie können sich auch ganz gut alleine fortpflanzen. Ein Ast, der während des Hochwassers abbricht und am Ufer liegen bleibt, schlägt im Nu Wurzeln.

Dieses Wunder der Regeneration macht die Weide zum idealen Nahrungsbaum für Biber. Die plumpen Nagetiere – sie können fast so schwer werden wie Schäferhunde – lassen sich an unseren Flüssen immer häufiger beobachten. Experten schätzen, dass es über 15 000 Biber in Deutschland gibt. Neben Kräutern und Feldfrüchten, wie Zuckerrüben und Mais, fressen Biber die dünnen Äste, Rinden, Blätter und Knospen der

Hummel

Beobachtungstipp

Weil Biber meistens in der Dämmerung und Dunkelheit aktiv sind, ist es nicht leicht, sie zu beobachten. Ob eine Flussregion von Bibern bewohnt ist, erkennt man zuerst an den Bäumen, die in charakteristischer Sanduhr-Form gefällt wurden. Meistens fällen die Biber im Winterhalbjahr die Bäume, um an deren Äste zu gelangen, weil sie jetzt keine andere Nahrung finden.

Wer nun geduldig abends und morgens beobachtet, den wird vielleicht ein Biber mit dem Klatschen seines Ruderschwanzes begrüßen. Allerdings ist das seine Warnung an die Artgenossen: Vorsicht, Mensch! Jetzt sollte man das Gebiet lieber aus der Ferne beobachten. Eine große Bugwelle zeigt an, dass ein Biber im Wasser unterwegs ist.

Biber im Internet: www.bibermanagement.de

gefällten Bäume. Mit den dicken Ästen dieser Bäume bauen sie Dämme und stauen dadurch Flüsse auf. Denn nur bei einem gleichbleibend hohen Wasserstand können sie Baumaterial und Nahrung transportieren oder bei Gefahr abtauchen. Indem sie Bäume fällen, erreichen die Biber noch etwas anderes: Jetzt gelangt mehr Sonnenlicht auf den Boden, und die vielfältigsten Pflanzen können sprießen.

Auch manche Fischarten benötigen besonders strömungsarme Flussabschnitte mit Wasserpflanzen, um ihren Laich abzulegen. Flüsse, an denen Biber leben, wimmeln deswegen oft von jungen Fischen, diese wiederum sind die Lieblingsspeise von Fischspezialisten wie dem Eisvogel. Im Flug wirkt dieser Feinschmecker wie ein Kugelblitz: Eben noch schillerte in der Sonne sein türkis-orangefarbenes Gefieder – schwupps, ist er wieder im Ufergeäst oder im Wasser verschwunden.

Wenn man einem Fluss von der Mündung bis zur Quelle folgt, verändern sich seine Breite, seine Tiefe und seine Fließgeschwindigkeit. Auch die Wassertemperatur, der Sauerstoffgehalt, ja sogar die Tier- und Pflanzenarten im Wasser und entlang seines Ufers wandeln sich. Der obere Teil, der gleich an der Quelle beginnt, heißt Oberlauf. Hier ist die Strömung so stark, dass sie sogar Felsen aus dem Weg räumt. Im sauerstoffreichen Wasser fühlen sich vor allem Bachforellen wohl.

Im Mittellauf nimmt die Fließgeschwindigkeit ab, der Fluss verliert an Kraft, er weicht nun besonders hartem Gestein aus. Allerdings ist er noch stark genug, um die Kiesbänke in seinem Bett umzuschichten. Die Äsche ist der typische Fisch der Flussmittelläufe, sie legt ihre Eier im frisch entstandenen Kiesbett ab. An den schneller fließenden Flussabschnitten des Ober- und Mittellaufs lebt auch die Wasseramsel. Der kleine Vogel ähnelt zwar einer Amsel, kann aber so gut tauchen wie ein Pinguin. Und er tut dies un-

Bachforelle

Flussperlmuschel

Wasseramsel

glaublich schnell: Gerade noch auf einem Stein am Ufer, sucht er auf einmal unter Wasser nach Insektenlarven. Dort, wo die Wasseramsel zu Hause ist, lebt auch die Flussperlmuschel (übrigens enthält nur eine unter 600 tatsächlich eine Perle). Im Laufe der Evolution hat die Natur eine ausgeklügelte Methode entwickelt, um die Flussperlmuschel weit in der Wasserwelt herumkommen zu lassen: Ihre Larven hängen sich an Bachforellen an und werden von diesen in Flussregionen mitgenommen, wo sie in Ruhe heranwachsen können. Diese Reise per Anhalter klappt aber nur mit den Bachforellen, denn diese Fischart hält sich häufiger in den Gewässerregionen auf, in denen auch Flussperlmuscheln besonders gut gedeihen. Äschen oder andere Fischarten werden von den Flussperlmuschellarven gemieden.

Je weiter sich ein Fluss von seiner Quelle entfernt, desto langsamer fließt er. Schlängelt er sich gemächlich um seine Hindernisse, sind wir an seinem Unterlauf angekommen. Hier wachsen viel mehr Wasserpflanzen als im Ober- und Mittellauf. Typisch sind deshalb Barben; im Gegensatz zu Äschen und Bachforellen sind sie reine Pflanzenfresser. Der Unterlauf eines Flusses wird auch oft Barbenregion genannt.

Damit wären wir wieder beim Biber. Indem er Dämme baut und Flüsse anstaut, verwandelt er eine schnell fließende Gewässerregion in eine langsam fließende. In den Übergangsregionen leben sowohl Tiere der einen als auch der andern Flussgegend. Der Biber ist also ein richtiger Motor der Artenvielfalt!

FISCHE BENUTZEN TREPPEN. Jungfische brauchen ruhige und geschützte Stellen im Fluss, um gefahrlos aufwachsen zu können. Um zur Laichzeit zu solchen Stellen zu gelangen, müssen die erwachsenen Fische wandern können.

Lange Zeit hat man die Ufer begradigt, um die Fließgeschwindigkeit der Flüsse zu erhöhen, denn erst dann konnte man die Wasserkraft zur Energiegewinnung nutzen. An die Fische dachte niemand, die Kraftwerke blockierten ihre Wanderungen, und in den Stromturbinen kamen sogar viele ums Leben.

Inzwischen ist man zum Glück umweltbewusster geworden. Moderne Kraftwerke haben oft sogenannte Fischtreppen, auf denen die Tiere an den Turbinen vorbei zu den Laichgründen schwimmen können, ohne sich zu verletzen.

Welches Tier ist es?

Der große, bunte Vertreter der Rabenvögel kommt im Laub- und Mischwald vor. Mit seiner wandlungsfähigen Stimme kann er sogar Raubvögel nachahmen.

Suche es im 4. Kapitel und merke dir den dritten Buchstaben!

Waldkauz

Luchs

Buschwindröschen

4. April
Im Mischwald

Kurz bevor das Blätterdach im Wald zuwächst,
geht es dort besonders lebhaft zu. Buschwindröschen,
Haselhühner, Luchse und – Elfen beweisen das.

I m April legt der Frühling richtig los. Ein besonders schöner Ort, um diese Jahreszeit zu erleben, ist der Wald. Allerdings solltest du in einen Mischwald gehen. Ahornbäume, Ulmen, Birken, Buchen, Eschen, Tannen und Fichten kannst du hier bewundern. Bei vielen Laubbäumen spitzen gerade erst die zarten hellgrünen Blättchen heraus. Noch dringt reichlich Sonnenlicht durch die Wipfel auf den Boden, darüber freuen sich Waldblumen. Leberblümchen und Buschwindröschen blühen jetzt üppig. Besonders spannend ist es, den Frühling in Wäldern zu erleben, die nur wenig von Straßen zerschnitten worden sind, zum Beispiel im Bayerischen Wald und Wiener Wald. Hier können Tiere noch umherwandern, ohne sich der Gefahr aussetzen zu müssen, unter Autoräder zu kommen.

Schwer zugängliche Wälder regten schon immer die Fantasie der Menschen an. Konnten sie sich seltsame Geräusche und Spuren nicht erklären, machten sie allerlei Zauberwesen dafür verantwortlich: Kobolde, die im Dickicht ihr Unwesen treiben, Elfen, die in Bäumen leben, Nymphen, die an Quellen ausruhen.

Auch heute regt der Wald fantasiebegabte Menschen an. Wenn du dich traust, am frühen Morgen oder Abend tief in den Wald zu gehen, werden dir viele seltsame Geräusche begegnen, die du nicht zuordnen kannst. Wer zum Beispiel sein gruseliges *huu-hu-uuuuu* hört, der versteht, warum der Waldkauz früher einmal Totenvogel genannt wurde. Aber neben den unheimlichen Lauten erklingen im Wald auch liebliche Stimmen. Eine gehört zum Beispiel der Singdrossel, ihr helles *driü-didüwit-zidü* erinnert an den Klang einer Flöte. Anders als ihre enge Verwandte, die Amsel, ist die Singdrossel ein Spezialist für Schnecken. Um die harte Schale der Tiere zu knacken, bedient sich der clevere Feinschmecker eines Steines, den er als Amboss nutzt. In gesunden Wäldern kann man solche Drosselschmieden noch entdecken. Ein richtiges Stimmphänomen im Frühlingswald ist der Eichelhäher: Er kann nicht nur rätschen, krächzen und trillern, sondern sogar andere Vogelstimmen nachmachen, zum Beispiel das typische *hijäh* des Mäusebussards.

Andere Tiere versuchen sich im Wald eher still zu verhalten. Ein Reh möchte möglichst wenig auffallen, um vom Luchs nicht entdeckt zu werden, und umgekehrt ist es für den Luchs wichtig, sich unbemerkt an ein Reh anschleichen zu können. Rehe stehen auf seinem Speisezettel ganz oben, er frisst durchschnittlich sechzig pro Jahr! Damit ihm der Vorrat an Rehen nicht ausgeht, benötigt der Luchs ein großes Jagdrevier, in

Eichelhäher

Haselhuhn

Beobachtungstipp

Luchse sind in freier Wildbahn äußerst schwer zu beobachten. Im Nationalpark Bayerischer Wald wurden deshalb einige Tiere eingefangen und mit Satelliten-Navigation und Mobilfunktechnik ausgerüstet. Der »Luchs-Navi« ermittelt ein- bis zweimal pro Tag die Position des Tieres. Ein eingebautes SMS-Programm schickt die Daten automatisch an den Computer des Wildbiologen, der dann ganz bequem schauen kann, wo sein Schützling gerade ist.
Mit Hilfe dieser Technik erfuhr man, dass Luchse gar nicht so menschenscheu sind, wie man immer angenommen hatte. Die Tiere halten sich gelegentlich bei Touristengebieten auf und verlassen sogar manchmal den tiefen Wald, um in der Nähe menschlicher Siedlungen nach Rehen zu jagen.

Luchse beobachten im Internet: www.luchserleben.de

Ein gesunder Mischwald muss aber nicht nur groß, sondern sollte auch »vielschichtig strukturiert« sein, wie die Experten sagen. Das heißt, es muss einerseits Bäume geben, die unterschiedlich lange leben (zum Beispiel kann eine Eiche viel älter als eine Esche werden), und andererseits müssen die Bäume auch unterschiedlich alt sein: Junge Ahornbäume wachsen dann vielleicht neben ausgewachsenen Buchen, die kaum noch an Holzvolumen zulegen. Daneben finden sich sehr alte Eichen und auch absterbende oder schon tote Linden. Morsche Bäume bilden zum Beispiel den Lebensraum für Spechte. Hier finden sie Nahrung im Überfluss, denn absterbende Bäume sind oft voller Insekten. Außerdem können Spechte in alte Stämme leichter Nisthöhlen zimmern, die später von Tauben und Waldkäuzen aufgesucht werden.

Neben hohen Bäumen benötigt ein gesunder Wald aber auch Büsche und eine Krautschicht am Boden,

dem er keinen Artgenossen duldet. Mindestens 200 Quadratkilometer groß muss sein Territorium sein, damit ein männlicher Luchs genug Nahrung findet. Hat er sich mit einem Weibchen im Frühjahr erfolgreich gepaart, stellt sich nach zweieinhalb Monaten Nachwuchs ein. An seinem ersten Geburtstag ist Luchs junior groß genug, um nach einem eigenen Jagdrevier zu suchen.

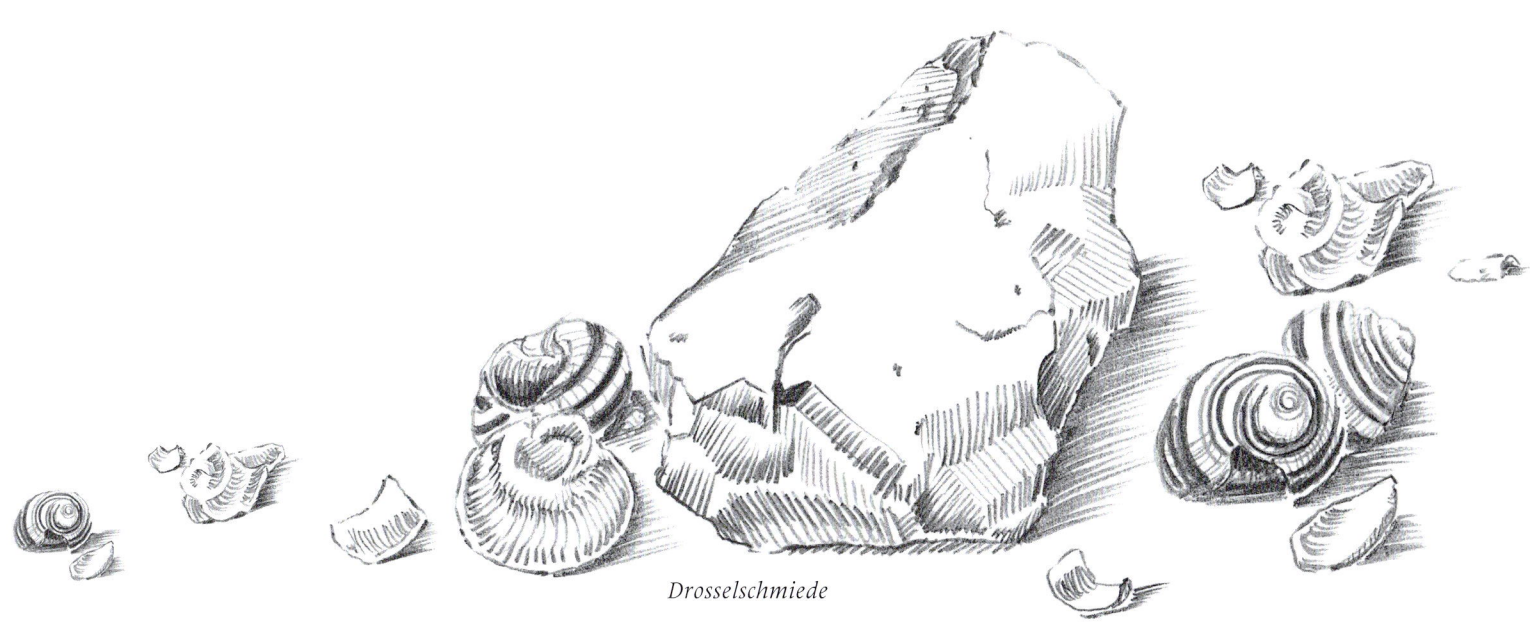

Drosselschmiede

dann hat er für viele Tierarten etwas zu bieten. Einer der Vögel, die davon profitieren, ist das Haselhuhn. Haselhühner fressen im Winterhalbjahr am liebsten Sämereien, Beeren, Knospen und Kräuter. Während der Nestlingszeit im Frühjahr brauchen sie für ihre Küken außerdem jede Menge eiweißhaltige Insekten. Weil die Bedürfnisse der Haselhühner die gleichen wie die vieler anderer Tierarten sind, gelten Haselhühner als Bioindikatoren. Das Wort Indikator kommt aus dem Lateinischen und heißt » Anzeiger «. Haselhühner zeigen an, dass ein Mischwald gesund und vielfältig ist, ein richtiger Wald eben für Waldkäuze, Singdrosseln, Käfer, Rehe, Luchse – und Elfen.

ZU WARM FÜR DIE FICHTE. Wenn Buschwindröschen und Leberblümchen blühen, wissen wir, dass der Lenz gekommen ist, sie sind sozusagen die Botschafter des Frühlings im Mischwald.

Viele Pflanzen blühen, wenn die Luft eine bestimmte Temperatur erreicht hat. Anders ist es nicht zu erklären, dass mehr und mehr Pflanzen Tage, manchmal Wochen früher als üblich blühen. Offenbar ist die Klimaerwärmung längst in unserer unmittelbaren Um-

gebung angekommen. Auch manche Vögel fangen früher mit ihren Paarungsgesängen und dem Eierlegen an. Und aus vielen Gegenden ist bereits die Fichte verschwunden, weil es offensichtlich zu warm geworden ist. Bevor die Fichte – im wahrsten Sinn des Wortes – reihenweise von den Förstern als Wirtschaftsbaum angepflanzt wurde, wuchs sie hauptsächlich auf kühlen Standorten, etwa im Gebirge und am Rand von Mooren. Zu viel Wärme und Trockenheit machen sie jetzt anfällig für Krankheiten und Insektenfraß.

Welches Tier ist es?

Er liebt die schroffen Felshänge der Mittelgebirge. Schalldämpfer an Flügeln und Füßen machen es seiner Beute kaum möglich, rechtzeitig zu entkommen.

Suche es im 10. Kapitel und merke dir den zweiten Buchstaben!

5. Mai
Im Stadtpark

Die großen Parks, die einst von Herzögen, Fürsten und Königen angelegt wurden, sind ein Tummelplatz für Wildtiere.

Um den Artenreichtum der Natur zu erleben, muss man nicht weit reisen. Oft genügt ein Spaziergang durch den nahe gelegenen Stadtpark oder Schlossgarten. Manche dieser Parks sind mehr als zweihundert Jahre alt und wurden einst von Herzögen, Fürsten und Königen nach dem Modell des Englischen Landschaftsgartens angelegt.

So ein Garten wirkt wie eine natürliche Landschaft, ist aber künstlich angelegt: Verschlungene Pfade und Baumgruppen in unregelmäßigen Abständen gibt es, kleine Seen und sich schlängelnde Flüsschen. Dort lädt eine Heckennische wie zufällig zum Ausruhen ein, hier bietet ein kleiner Tempel die schönste Aussicht. Ein guter Landschaftsgarten, das wussten

die Gartenarchitekten schon vor zweihundert Jahren, musste mindestens so viele Überraschungen bieten wie die Natur selbst.

Aus der Luft betrachtet, sieht ein Stadtpark oft aus wie ein Mosaik: Bäche, Wiesen, Büsche und Bäume bilden ein farbenprächtiges Muster. Viele Tierarten finden in dieser Oase Nahrung und Versteck. Wildtiere wie Füchse, Hasen und Rehe kann man im Stadtpark

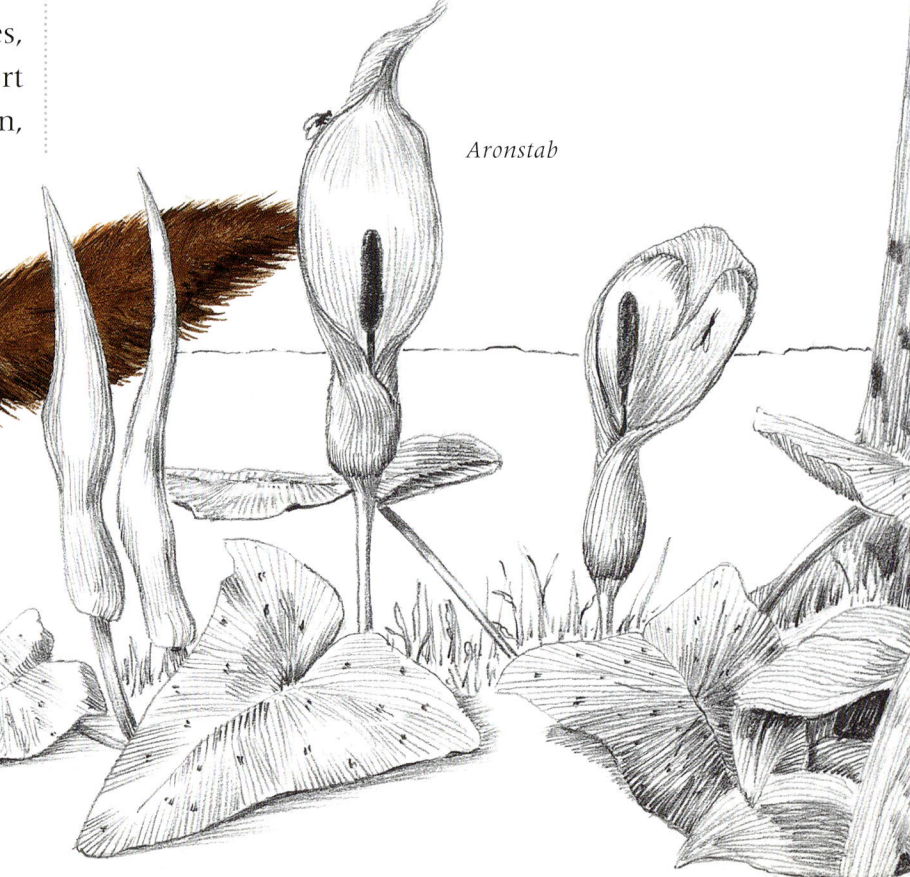

Aronstab

Eichhörnchen

Wacholderdrossel

Gelbspötter

Rotkehlchen

Bärlauch

Rehkitz

Schwalbenschwanz

Wilde Möhre

Schwalbenschwanzraupe

viel leichter beob-
achten als in freier Wildbahn,
denn sie dürfen hier nicht gejagt werden und
sind deshalb viel weniger scheu. In vielen Parks werden die Wiesen erst spät im Jahr gemäht. Rehe können
im hohen Gras im Mai und Juni ungestört ihre Kitze zur
Welt bringen, sie säugen und vor Feinden verstecken.
Auch viele verschiedene Gräser und Wildblumen blühen auf, die wiederum allerhand Insekten anlocken.

Eines dieser Insekten ist der Schwalbenschwanz.
Zur Eiablage sucht sich der hübsche Schmetterling
häufig die Wilde Möhre aus, eine Pflanze, die bei vielen
Hobbygärtnern leider noch immer als Unkraut gilt.

Charakteristisch für den Englischen Landschaftsgarten ist, dass die Bäume nicht dicht wie im Wald, sondern locker verteilt stehen. Dadurch gelangt genug Licht
für Pflanzen auf den Boden. Besonders markant ist der
Bärlauch, den du an seinem starken Knoblauchgeruch
erkennst. Zu Füßen der Parkbäume bildet diese Pflanze
im Mai oft herrliche weiße Blütenteppiche. Nahe beim
Bärlauch wächst auch häufig der giftige Aronstab. Doch
dieser riecht scheußlich nach Aas! Den Geruch dieser
sogenannten Gleitfallenblume finden Fliegen und Mü-

Beobachtungstipp

Damit du lernst, das Gezwitscher der Vögel ausein-
anderzuhalten, hörst du es dir am besten auf CD an.
Auch in der Natur legen die kleinen Sänger zu
verschiedenen Zeiten los, so kommen sie sich nicht
ins musikalische Gehege. Ein Frühaufsteher unter
ihnen ist der Gartenrotschwanz, den man Mitte Mai
bereits um 4.25 Uhr hört, um 4.35 Uhr folgt das
Rotkehlchen, um 4.40 Uhr die Amsel. Der Zaunkönig
ist um 4.45 Uhr dran, der Kuckuck um 4.55 Uhr, dann
folgt um 5.05 Uhr die Kohlmeise, um 5.15 Uhr
der Zilpzalp, und ab 5.25 Uhr hört man das bekannte
zi zi zi zizizizizi würzgebir des Buchfinks.

cken köstlich, sie gleiten durch die Blattröhre und lassen sich ins Blüteninnere fallen. Dort krabbeln sie hin und her und befruchten auf diese Weise die Pflanze.

Die vielen Insekten locken Vögel an, die im Frühling aus ihren Überwinterungsgebieten im Süden zurückgekehrt sind, zum Beispiel Mönchsgrasmücken, Grauschnäpper, Gelbspötter, Pirole, sowie Mehl- und Rauchschwalben. Sie pfeifen, trällern und flöten nun, was das Zeug hält. Allerdings pfeifen, trällern und flöten nur die Männchen, sie wollen den weiblichen Artgenossen zeigen, dass sie – erstens – die fittesten, schönsten und zur Vaterschaft am besten geeigneten Vogelmännchen in der Gegend sind und – zweitens – bereits mit einem idealen Brutrevier aufwarten können. Den anderen Männchen teilen sie damit unmissverständlich mit, dass sie abschwirren können.

Es gibt eine Vogelart, die immer gut für eine Überraschung ist: die Wacholderdrossel. Sie greift mögliche Feinde, zum Beispiel Eichhörnchen, wie ein Raubvogel im Zielflug an und bespritzt sie mit ihrem klebrigen Kot. Manchmal erwischt es auch einen ahnungslosen Naturfreund, da wird ein Spaziergang nie langweilig!

Die vielfältige Vogelwelt eines Stadtparks zieht Greifvögel an, wie Sperber, Habichte und Baumfalken,

Welches Tier ist es?

Sein Balzgesang umfasst Göckeln, Triller, Hauptschlag und abschließendes Schleifen. Er lebt vor allem im Mittel- und Hochgebirge.

Suche es im 11. Kapitel und merke dir den fünften Buchstaben!

die im Jagdflug durchs Geäst zischen oder hoch am Himmel gemächlich ihre Kreise ziehen.

Teiche und Seen bieten Enten, Gänsen und Möwen Lebensraum. Sie sind sehr zutraulich, deshalb kann man sie leicht beobachten und Unterschiede innerhalb einzelner Arten ausmachen: Sind die Gänse Graugänse, die seit mehreren Tausend Jahren heimisch sind, oder Kanadagänse oder gar Indische Streifengänse, die von Menschen in den Parks ausgesetzt wurden?

MÜNDIGKEIT IM PARK. Im Zuge der Aufklärung wurde das Volk als mündig anerkannt und in die herrschaftlichen Parks gelassen. »Mündig« meint eigenverantwortlich – wie es allerdings heute um die Mündigkeit mancher Bürger bestellt ist, zeigen leider Trampelpfade über Wiesen und Beete, Abfälle an unerlaubten Plätzen und Hecken, die als Toiletten missbraucht werden. Zuhause würden sie das nicht tun. Aber die Natur ist ebenso unser Zuhause!

Kanadagans

Indische Streifengans

Graugans

Wolf

Wiedehopf

Weidenröschen

6. Juni

In der Brache

Warum Erdrutsche, Überschwemmungen,
Panzer und Mountainbikes zur Ansiedlung von
Wiedehopfen und Wölfen beitragen.

Im Frühsommer ist für viele Pflanzen und Tiere Fortpflanzungszeit. Fortpflanzung bedeutet nicht nur, dass sich die Arten vermehren, sondern auch, dass sie sich ausbreiten, eben *fort*pflanzen: Das junge Reh wandert ab, weder Hase noch Wolf bleiben im Revier ihrer Eltern, und auch das junge Hermelin jagt anderswo nach Mäusen. Manche Tiere wandern etliche Hundert Kilometer weit. Die Politik der Menschen kommt ihnen dabei zu Hilfe. Die gefallenen Grenzzäune zu den östlichen Nachbarländern und schärfere Naturschutzgesetze in Mitteleuropa haben bewirkt, dass sich so imposante Tiere wie Wölfe, Luchse, Braunbären und Elche wieder ausbreiten können.

Aber auch Pflanzen, die in der Erde wurzeln, wandern. Sie lassen ihre Samen durch den Wind und durch Tiere an andere Orte tragen. Mit ihrer Blütenpracht und dem süßen Nektar werben sie dabei vor allem um die Gunst der Insekten. Der Wettbewerb der Pflanzen um das schönste Kleid lässt sich auf Brachen (auch Ruderalflächen oder Ödland genannt) besonders gut beobachten. Darunter versteht man meist brachliegende Rohbodenflächen, die entweder natürlich oder durch den Menschen entstanden sind. Zu den möglichen Ursachen zählen Erdrutsche, Überschwemmungen, Kiesabbau, Waldarbeiten mit schweren Maschinen, aber auch Dauerbelastung durch Geländefahrzeuge, Mountainbikes, Wanderschuhe oder Huftritte. Da die gequälten Böden kaum Wasser und Nährstoffe speichern können, hätte es wenig Sinn für die Pflanzen, sich durch unterirdische Ableger an Ort und Stelle zu vermehren. Sie müssen ihre Sprösslinge weit fortschicken, deswegen sind sie besonders auf flugfähige Samen und die Hilfe von Insekten und Vögeln angewiesen.

Spezialisten für Brachen sind das Weidenröschen und das Berufkraut. Letzteres verdankt seinen Namen dem Wort berufen (verhexen). Früher wurde es als Mittel gegen Verzauberung oder den bösen Blick verwendet. Babys badete man sogar in Berufkrauttee, um

Welches Tier ist es?

Er existiert seit der Eiszeit. Wenn er sich nicht freiwillig dem Menschen anschloss, wurde er erbarmungslos gejagt. Seit einiger Zeit findet man ihn wieder in Deutschland.

Suche es im 6. Kapitel und merke dir den zweiten Buchstaben des Plurals!

sie vor bösen Mächten zu schützen. Und zur Heilung von Verrücktheit wurde empfohlen, sich die Pflanze vor die Stirn zu binden. Das Weidenröschen wird auch als Waldschlag-Weidenröschen bezeichnet, weil es oft auf gerodeten Flächen blüht. Auch das echte Johanniskraut – eine beliebte Heilpflanze – findet man oft auf Brachen.

Aufgrund der schlechten Wasser- und Nährstoffverhältnisse gedeihen auf Brachen meist nur Pflanzen, die an Stängel und Blättern wenig Biomasse ansetzen. Die dünnen Halme und Blättchen lassen viel Sonne zum Boden durch. In diesem warmen Mikroklima

fühlen sich Laufinsekten wie Käfer und Ameisen besonders wohl. Aber auch Reptilien leben hier. Sie gehören wie Insekten und Fische zu den wechselwarmen Tieren. Ihre Körpertemperatur steht und fällt mit der Temperatur der Umgebung. Je wärmer es draußen ist, desto aktiver werden sie; ist es dagegen kühl, sind die Tiere sehr träge und halten sich verborgen.

Dass auch viele Vögel trocken-warme Plätze bevorzugen, liegt an den fetten Insekten, die sie hier finden. Einer der auffälligsten Vögel ist der Wiedehopf, der mit seiner lustigen Federhaube und der markanten Gefiederzeichnung sehr exotisch wirkt. Auch der dreisilbige, in langen Serien vorgetragene Balzruf, *upupup upupup upupup upupup*, klingt fremd. Tatsächlich leben die meisten seiner Verwandten in Afrika. Wiedehopfe brüten – zumindest in Deutschland – besonders gern auf Truppenübungsplätzen. Auch Wölfe, die aus Polen nach Deutschland eingewandert sind, fühlen sich dort wohl. Aber Warum? Nein, sie wollen sich nicht zu Soldaten ausbilden lassen. Ganz einfach: Truppenübungsplätze sind für Besucher und auch für die Landwirtschaft gesperrt. Aber die Schäden, die Militärfahrzeuge, vor allem Panzer, im Boden hinterlassen, verhindern, dass das Gelände dicht zuwächst. So gelangt viel Sonnenlicht auf den Boden, und es entsteht das für Ruderalflächen typische warme Mikroklima. Etliche der Wölfe, die auf Truppenübungsplätzen zur Welt gekommen sind, verlassen jedoch das Revier ihrer Familie und wandern ab in die Nähe der Menschen: In einem Rapsfeld erwischen sie ein Reh, gelegentlich schnappen sie auch ein Schaf aus einer unbewachten Herde. Für Menschen sind Wölfe dagegen nachweislich ungefährlich.

Zauneidechse

Blindschleiche

Dachs

Berufkraut

Johanniskraut

Nachtkerze

Nicht alle Tierarten zieht es hinaus in die Welt. Dachse beispielsweise leben am liebsten zusammen mit der ganzen Familie in einem großen Bau mit vielen Wohnhöhlen und weitverzweigten Gängen. Mithilfe seiner großen Schaufelpfoten und den langen Krallen kann der Dachs leicht graben. Auch andere Tiere machen sich seinen Fleiß

Beobachtungstipp

In diesen Wochen blühen besonders viele Pflanzen. Auf einer normalen, also gut gedüngten Wiese leuchtet vor allem das Gelb des Löwenzahns, dessen Stängel und Blätter einen dichten Teppich bilden. Bodeninsekten meiden solche Zonen. Je vielfältiger – also bunter – eine Wiese ist, desto größer ist die Chance, interessante Tiere beobachten zu können.

Typische Reptilien solcher Standorte sind die schillernde Zauneidechse und die Blindschleiche. Anders als die flinken Zauneidechsen lassen sich Blindschleichen mit etwas Geschick einfangen und genauer ansehen. Aber Vorsicht: Wie Eidechsen, mit denen die Schleichen nahe verwandt sind, werfen sie bei Gefahr ihren zappelnden Schwanz ab, um ihre Feinde abzulenken.

zunutze: Füchse, Wildenten und Kaninchen beziehen häufig Höhlen, die von Dachsen gegraben worden sind und von ihnen bewohnt werden. Der Umstand, dass Mieter und Vermieter einander nicht in die Haare geraten oder sich gar auffressen, wird von Fachleuten als Burgfrieden bezeichnet.

KORRIDORE FÜR WILDTIERE. Durchschnittlich werden allein in Deutschland jeden Tag 250 000 Quadratmeter Natur in asphaltierte Straßen umgewandelt. Sie zerschneiden nicht nur die Lebensräume vieler Tiere, sondern unterbrechen auch ihre Wanderwege. So erschweren sie die Ausbreitung von Tierarten wie Rothirsch, Luchs, Fischotter und Wolf. Dabei ist es gar nicht nötig, den Straßenbau zu verhindern. Häufig reicht es schon, wenn in wildreichen Gebieten Überführungen (sogenannte Grünbrücken) oder Unterführungen mit eingeplant werden, die die Tiere benutzen können. Auf diese Weise lassen sich Lebensraumkorridore für Wildtiere schaffen.

7. Juli
In der Landschaft der Bauern

Wohlwollende Jäger und Bauern können unsere Natur für Rebhühner, Feldhasen und viele andere Kulturfolger zum Paradies machen.

Neuntöter

Klatschmohn

Rebhuhn

Heuschrecke

Margerite

Rotmilan

Waldmaus

Auf die Frage, warum Obelix und die anderen Gallier so oft Wildschweine gegessen haben, gibt es eine seriöse Antwort: Zur Römerzeit war fast das ganze Gebiet des heutigen Deutschlands mit Wald bedeckt, dem Lebensraum der Wildschweine. Wildtiere der Feldlandschaft, wie Feldhasen oder Fasane, kamen erst auf den Speisezettel, als die Jäger und Sammler sesshaft geworden waren. Ursprünglich lebten diese Tiere in den Steppenlandschaften Osteuropas und Kleinasiens. Nun, da die Menschen Wälder gerodet und Äcker angelegt hatten, kamen auch Rebhühner, Feldhasen, Wachteln und viele Singvögel nach Mitteleuropa, denn die neuen Feldlandschaften ähnelten den Steppen ihrer Heimat.

Die Vorfahren unserer Landwirte haben also dazu beigetragen, dass sich die Zahl der Tierarten in Mitteleuropa vervielfältigte. Heute, gut zweitausend Jahre später, muss ihnen das genaue Gegenteil unterstellt werden: Sie gelten als Hauptverursacher des Artenrückgangs in Deutschland. Wiesen und Äcker werden oft so angelegt, dass für wilde Tiere kaum noch Platz ist. Die Größe der Felder und Wiesen richtet sich nach der Größe des Mähdreschers, der sie effizient bearbeiten muss. Jeder Wildwuchs stört also. Doch das Be-

Welches Tier ist es?

Die Gezeitenzone der Meeresküste
ist ihr Lebensraum. Im niedrigen Wasser
frisst sie fast alles, was ihr
zwischen die Scheren kommt.

Suche es im 8. Kapitel und merke dir den dritten Buchstaben!

dürfnis der Bauern, ihr Land so wirksam wie möglich zu nutzen, stößt an seine natürlichen Grenzen: Es gibt immer wieder Nischen, die der Mähdrescher nicht erreicht. An Steilhängen oder unbegradigten Bachläufen zum Beispiel entstehen so für viele Tiere richtige kleine Oasen. Manche Landwirte lassen solche Rückzugsorte der Natur auch ganz bewusst stehen. Wenn sie sich auf den Traktor setzen, freuen sie sich auf die weiß blühenden Schlehdornhecken oder das Jubilieren der Lerchen. Sie wissen, dass eine blühende und artenreiche Feldlandschaft ein Ergebnis ihrer klugen Naturnutzung ist, auf das sie stolz sein können.

Ein interessantes Tier in der bäuerlichen Kulturlandschaft ist das Rebhuhn. Jahrhundertelang lebte es mit den Bauern einträglich Seite an Seite, denn es fraß neben Kräutern mit Vorliebe die Körner von Gerste, Weizen, Hafer und Roggen. Heute sind vor allem die

Rebhuhnküken gefährdet. Sie leben nämlich in den ersten Wochen nahezu vollständig von eiweißreicher Nahrung wie Käfern, Ameisen und Spinnen. Wenn die Felder stark gedüngt werden, finden die Eltern dort keine Insekten für ihre Nachkommenschaft. Denn wie wir in der Brache feststellten, gedeihen Bodeninsekten vor allem dort, wo wenig oder gar nicht gedüngt wird und die Erde deshalb nicht von einem dichten Pflanzenteppich bedeckt ist. Biobauern dürfen weder Kunstdünger noch Insektengifte verwenden. Wenn du also Biokartoffeln und Biobrot kaufst, sorgst du mit dafür, dass die Rebhuhnküken immer genug Nahrung bekommen. Wichtig für die Rebhühner und viele andere Tiere sind vor allem die ungenutzten Feldränder, sogenannte Saumbiotope. Diese Randstreifen werden bewusst nicht gemäht oder umgepflügt, denn hier finden die Tiere Schutz und legen ihre Eier ab. Charakteristisch für Saumbiotope sind Pflanzen wie die Kornblume, Margerite und der Klatschmohn.

Es ist ein außergewöhnliches Erlebnis, wenn man beim Spaziergang über die Felder plötzlich durch eine Kette Rebhühner überrascht wird, die auffliegt und wie ein kleines Kampfgeschwader im Tiefflug über die Felder schwirrt.

Eine Gegend, die sich zur Aufzucht von Rebhuhnküken eignet, bietet auch manch andere Möglichkeit, Spannendes zu erleben. Man kann zum Beispiel einem Neuntöter begegnen. Dieser Vogel ist gar nicht so schwer aufzuspüren, denn er sitzt oft auf hervorstehenden Ästen. Bei der Jagd sind Neuntöter wahre Luftkünstler, die den Sturzflug ebenso beherrschen wie den Rüttelflug, bei dem sie wie Helikopter in der Luft stehen bleiben können. Den seltsamen Namen verdanken sie ihrer gruseligen Angewohnheit, ihre Beute – große Insekten wie Käfer, Hummeln, Heu-

Rauchschwalbe

schrecken, Spinnen, Grillen und Mäuse – auf Dornen, spitze Äste oder sogar auf Stacheldrahtzäune der Reihe nach aufzuspießen.

Ein besonders geschickter Akrobat und Insektenjäger ist die Rauschschwalbe. Sie jagt vornehmlich Fluginsekten wie Mücken, Fliegen, Wespen und Bienen. Weil es in der Nähe von Kuh- und Schweineställen besonders viel von dieser Beute gibt, nisten Schwalben gern unter den Dächern dieser Gebäude.

Rauschschwalbe, Rebhuhn, Weißstorch und Feldhase werden auch als Kulturfolger bezeichnet. Das heißt, die Tiere *folgen* der bäuerlichen Kulturlandschaft und fügen sich gut in ihre Gegebenheiten ein. Davon profitiert der Rotmilan, den du leicht an seinem gegabelten Schwanz erkennen kannst. Sein Speiseplan besteht zu einem hohen Anteil aus Mäusen, Feldhasen, Rebhühnern, Wachteln und Fasanen. Viel eher als der Adler hätte der Rotmilan den Titel Nationalvogel verdient, denn sechzig Prozent des Weltbestandes dieses schnittigen Greifvogels leben in Deutschland. Wo diese Tiere nicht mehr vorkommen, passt die Bezeichnung Agrarlandschaft. Hier gibt es nur noch abgezirkelte Felder, die häufig gedüngt werden – von *Kultur* kann keine Rede mehr sein.

JÄGER FÜR WILDTIERE. Es ist nicht leicht: Einerseits müssen die Landwirte ausreichend Ernte einbringen. Andererseits brauchen Wildtiere naturbelassene Nischen. Jäger können zwischen Bauern und Wildtieren vermitteln. Mit der jährlichen Jagdpacht – die einige Tausend Euro betragen kann – haben sie sich vom Landwirt das Recht erkauft, auf dessen Grund und Boden Wildtiere zu erjagen. Dazu gehört laut Jagdgesetz die sogenannte Pflicht zur Hege, das heißt, die Jäger müssen sich um den Erhalt eines gesunden und artenreichen Wildbestandes kümmern. Durch ihre Ausbildung wissen sie, was zu tun ist. Jäger und Bauern sollten also öfter miteinander reden. Meist sind es nur Kleinigkeiten, die den Unterschied zwischen einer Agrar- und Kulturlandschaft ausmachen: Die Auswahl einer geeigneten Kartoffelsorte, die nachhaltige Pflege von Ackerrandstreifen oder auch die Anlage von schmalen Wildäckern mit der passenden Pflanzenmischung sorgen dafür, dass sich Rebhuhn und Co. wieder heimisch fühlen können.

Beobachtungstipp

Dort, wo die meisten Elemente ihres Lebensraums – Wald, Feld, Gebüsch, Hecken, Flussufer zum Beispiel – zusammentreffen, kann man auch die meisten Wildtiere beobachten. Rebhühner brauchen die offene Feldlandschaft, um Nahrung zu suchen. Schutz vor Greifvögeln finden sie in den Hecken, und ihre Eier legen sie gern an ungemähten Wegrändern ab. Wo Felder, Hecken und Wegränder möglichst aneinander grenzen, wird man auch am ehesten Rebhühner beobachten können.

8. August
Am Meer

Eine Wattwanderung kann so interessant und auch
so gefährlich sein wie eine Expedition durch den Regenwald.

Austernfischer

Säbelschnäbler

Seehund

Brandente

F erienzeit ist Abenteuerzeit. Wir wollen in eine weitgehend unbekannte, ja sogar gefährliche Welt vordringen: ins Meer. Nur 0,2 Prozent des Lebensraumes Ozean konnten Wissenschaftler bisher überhaupt erforschen! Wie reich das Leben unter Wasser ist, zeigt die Tatsache, dass jedes Jahr mehr als 100 Millionen Garnelen, Muscheln, Haie, Schwertfische, Kabeljaue, Heringe, Doraden, Langusten, Makrelen, Seeteufel und vieles mehr auf unseren Tellern landen. Um diese geheimnisvolle Welt etwas näher kennenzulernen, lohnt sich ein Ausflug an den Strand. Besonders am frühen Morgen, nach stürmischen Nächten und bei Ebbe präsentiert das Meer uns einen Querschnitt seiner Artenvielfalt als Angespül. Darunter versteht man das lebendige und tote Material, das durch die Brandung aus dem Wasser an den Strand geworfen wurde: Muscheln und Schnecken, Seetange, Algen und Holzstückchen zum Beispiel. Dazwischen – meist quicklebendig – krabbelt ein Wesen, das mithilfe seines Panzers den Rausschmiss aus dem Meer gut überstanden hat. Dank spezieller Kiemen kann es auch an Land atmen. Strandkrabben sind Allesfresser, sie leben von Würmern, Garnelen, Kleinfischen, aber auch von Aas und Algen.

Ein Strandspaziergang der Superlative ist die Wattwanderung. Auf den ersten Blick ist das Watt eine ausgedehnte, graue Schlickfläche. Doch dieser Schlick hat es in sich, denn es handelt sich dabei um Meeresboden, der während der Ebbe für ein paar Stunden freigelegt wurde. Solche Flächen gibt es an vielen Küsten, doch nirgendwo auf der Welt sind sie so groß wie an der Nordsee. Mit etwa 3500 Quadratkilometern Ausdehnung ist das Wattenmeer der Nordsee neben den Alpen die letzte großräumige Naturlandschaft Mitteleuropas. Der Gezeitenhub, also das Hin und Her zwischen Ebbe und Flut, macht das Watt sehr gefährlich. Schon aus diesem Grund sollte man sich beim ersten Besuch einer geführten Wattwanderung anschließen. Die Wattführer wissen nicht nur, wann es Zeit ist, vor der Flut den Rückweg anzutreten, sie kennen auch die vielfältigen Bewohner des Wattenmeers.

Die ersten Tiere, die dem Beobachter auffallen, sind die Vögel. Einige kannst du an ihrem markanten Äußeren sofort erkennen: Kiebitze etwa, Säbelschnäbler, Austernfischer oder auch Sandregenpfeifer. Neben der Zeichnung des Gefieders sind vor allem Länge und Form des Schnabels wichtig. An den unterschiedlichen Schnäbeln kann man verschiedene Nahrungsvorlieben ablesen.

Wellhornschnecke

Damit die Wattführung auch Spaß macht und Ergebnisse bringt, sollten nicht nur genügend Ferngläser dabei sein, sondern auch ein paar Kescher und Spaten. Denn was die Watvögel mit ihren Schnabelwerkzeugen einfangen, aussieben, aufbrechen, zerquetschen oder hervorstochern, lässt sich am besten mit zwei, drei kräftigen Spatenstichen zutage fördern.

Ob nun Pfeffer-, Sandklaff- oder Plattmuscheln, ob Bäumchenröhren- oder Seeringelwurm – unter all dem Getier, welches in der oberen Schlickschicht haust, ist wahrscheinlich der Wattwurm das interessanteste. Wattwürmer fressen Sand. Die spaghettiförmigen Sandhaufen, die das Tierchen auswirft, nachdem es die organischen Stoffe zwischen den Sandkörnern herausgefiltert hat, können dich ganz leicht auf seine Spur bringen. Ein einzelner Wattwurm frisst täglich etwa 25 Kilogramm Sand. Alle Würmer zusammen filtern jedes Jahr die gesamte obere Sandschicht des ganzen Nordsee-Watts!

Wattwürmer sind wiederum für Watvögel das täglich Brot. Sie waten und warten wachsam auf frische Sandspaghetti, um sich den Urheber einzuverleiben. An Prielen, das sind die Rinnsale im Watt, kann man besonders gut Watvögel beobachten. Neben den Schlickbewohnern findest du hier auch diverse Fischarten, die ebenso spektakulär aussehen wie sie klingen: Aalmutter, Steinpicker oder die dicklippige Meeräsche. Und so mancher Qualle kannst du hier begegnen, deren majestätische Schönheit freilich nur im klaren Wasser zur Geltung kommt.

Wie die Priele zählen auch die Sandbänke zu den Lebensraumelementen des Wattenmeeres, die nach wenigen Stunden Ebbe wieder völlig mit Wasser bedeckt sind. Im Hochsommer bringen die Seehunde auf den Sandbänken ihre Jungen zur Welt. Die Kleinen können sofort schwimmen – was sie auch müssen, denn die nächste Flut ist nicht weit. Seehundweibchen sind

Welches Tier ist es?

Wilde Hühner wie Auerhuhn und Haselhuhn brauchen wilde Wälder, doch diesem wilden Tier reichen die wilden Kräuter zwischen den Bio-Kartoffeln!

Suche es im 7. Kapitel und merke dir den siebten Buchstaben!

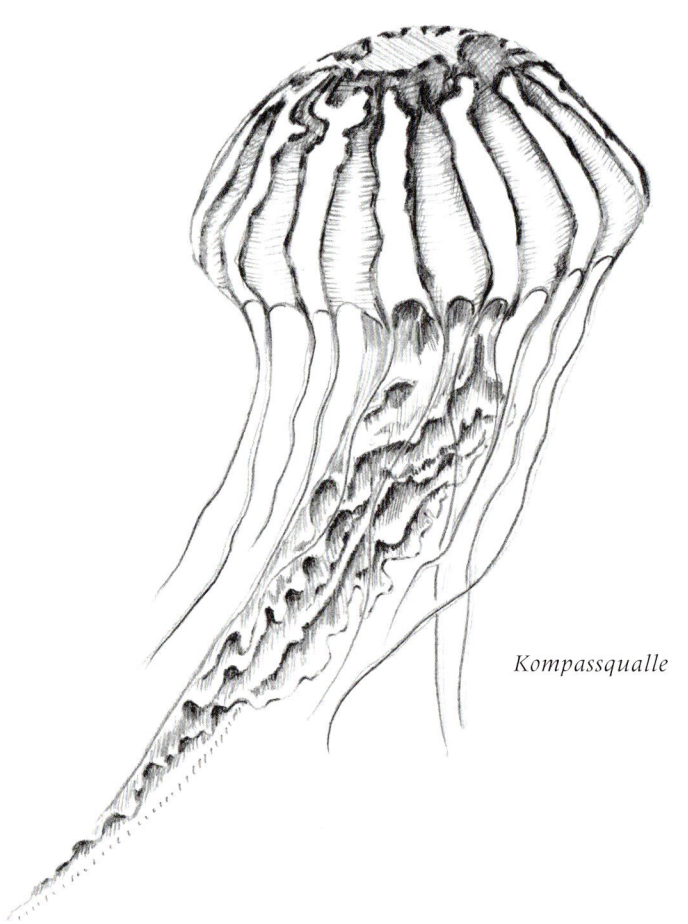

Kompassqualle

Strandkrabbe

Wattwurm

elf Monate trächtig. Die Mutter hat also jedes Jahr nur einen Monat Zeit, um ihr Junges zu entwöhnen und sich nach einem neuen Männchen umzuschauen, damit es auch im nächsten Jahr Nachwuchs geben kann. Dank der nahrhaften Muttermilch können die kleinen Robben in vier Wochen ihr Geburtsgewicht verdoppeln und sind schon bald so selbstständig, dass sie länger alleingelassen werden können. So hat das Weibchen Gelegenheit, sich wieder zu paaren.

Beobachtungstipp

Muscheln und Schneckengehäuse sind mehr als nur schöne Souvenirs. Sie können auch als Einstieg in die hohe Schule der Artenkenntnis dienen. Mit der entsprechenden Fachliteratur lässt sich schnell herausfinden, ob die Schalen etwa einer Herzmuschel, einer Auster, einer Turmschnecke oder einer Wellhornschnecke gehörten. Wenn du zudem noch weißt, dass zum Beispiel die Wellhornschnecken Aasfresser sind und auch als Gesundheitspolizei des Meeres bezeichnet werden, schaust du sicher ihre prächtig geschnörkelten Häuser mit ganz anderen Augen an.

FISCHESSER FÜR FISCHE. Das Beutespektrum der Seehunde liest sich wie die Speisekarte eines noblen Fischrestaurants: Flunder, Kabeljau, Scholle, Stint, Garnelen und Muscheln. Seit langem schon warnen Naturschutzorganisationen wie WWF (World Wide Fund for Nature) und Greenpeace, dass wir die Meere überfischen, das heißt, zu viele Fische fangen. Dadurch werden die Nahrungsketten im Meer zerrissen, die Tiere finden nicht mehr die für sie notwendige Beute. Wir sollten deshalb darauf achten, nur solche Fischarten zu essen, die nicht überfischt worden sind. Ob der Fisch auf unserem Teller auch nachhaltig, also auf eine den Bestand schonende Art und Weise gefangen wurde, erkennt man am Zertifizierungssiegel auf der Packung.

9. September
Am See

Auch Wasservögel haben
eine Privatsphäre,
die es zu respektieren gilt!

Kormoran

Seeadler

darauf wartet, vorbeischwimmende Fische und auch Frösche schnappen zu können.

Allerdings ist es für den Beobachter fast unmöglich, von Land aus an diese Schilfzonen heranzukommen. Bis man sich durch das Röhricht durchgearbeitet hat, sind alle Tiere aufgescheucht worden. Bleibt also nur die Möglichkeit, die Schilfzonen von der Seeseite, per Ruderboot, Schlauchboot oder Kanu, vorsichtig anzufahren. Doch genau dies ist eine heikle Angelegenheit. Denn eigentlich sollten die Schilfzonen für alle Wasserfahrzeuge tabu sein. Von März bis Juli ist das Schilf bevorzugtes Brutgebiet nicht nur von Enten, sondern auch von Singvögeln wie Schilfrohrsänger und Rohrschwirl. Wenn man sie stört, läuft man Gefahr, dass sie ihren Nachwuchs im Stich lassen und ihre Nester aufgeben. Erkaltete Gelege und verhungerte Jungvögel wären die Folge. Könnte man dann also im Sommer, nach der Fortpflanzungszeit, ohne schlechtes Gewissen in die Schilfzonen hineinpaddeln? Auch das nicht. Von Juli bis September ist Mauserzeit. Jetzt wechseln die Wasservögel ihre Gefieder. Sie sind flugunfähig und suchen deswegen gern den Schutz der Ufervegetation auf. In dieser Zeit reagieren sie auf alle Eindringlinge hysterisch schreckhaft. Dabei benötigen sie gerade jetzt Ruhe, um sich genug Polster für den Winter anzufressen.

Trotzdem brauchen wir unsere Bootsexpedition zum Seeufer nicht abzublasen. Wir sollten dabei nur die Privatsphäre der Vögel achten und immer ausreichend Abstand zu den Schilfzonen und Wasservögeln halten. Dies ist ohnehin zu empfehlen, denn nur aus sicherer Entfernung behält man den Überblick über das Leben an den Uferregionen.

D er Sommer geht zu Ende. Bevor die Luft- und Wassertemperaturen merklich abnehmen, müssen wir unbedingt noch einen Lebensraum besuchen, der eine ganz besonders große Artenvielfalt bietet: das Seeufer. Eigentlich stoßen hier zwei Lebensräume aneinander, nämlich Wasser und Land. In den seichten Uferzonen, wo er die Wahl hat zwischen Fischen, Fröschen und Entenküken, lauert mit Vorliebe der Hecht. Hier jagen auch Libellen nach Wasserinsekten, während mancher Graureiher reglos

Welches Tier ist es?

»Ein Waldgespenst, das man ahnt,
aber niemals kennt«, sagt der Volksmund.
Im Frühjahr verliert der
»König des Waldes« seine Krone.

Suche es im 2. und 11. Kapitel und merke dir den achten Buchstaben!

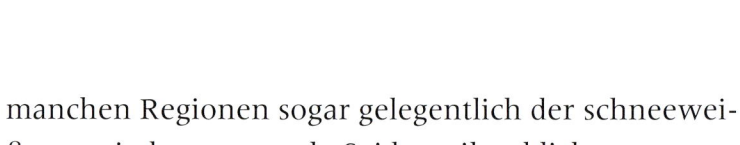

Seefrosch

Ein besonders markanter Wasservogel ist der Haubentaucher, der durch seinen schmucken Federschopf auch aus einiger Entfernung auffällt. Die Balzrituale dieser Art beschreiben Ornithologen (Vogelkundler) als »Pinguin-Pose«, wenn sich die Partner durch rasches Paddeln senkrecht aus dem Wasser erheben, und als »Geister-Pose«, wenn ein Partner unmittelbar vor dem anderen senkrecht aus dem Wasser auftaucht.

Ein Schilfbewohner, der sich ebenfalls aus großem Abstand gut beobachten lässt, ist die Rohrweihe, eine Greifvogelart. In niedrigem Suchflug jagt sie über das Schilf, um sich Kleinvögel zu holen. Ein weiterer Greifvogel, der hier unterwegs ist, ist der Seeadler. Er kann aus großer Höhe im Sturzflug Enten jagen, schnappt sich aber auch Fische, die sich zu nahe an die Wasseroberfläche gewagt haben. Als Gastvogel lässt sich in

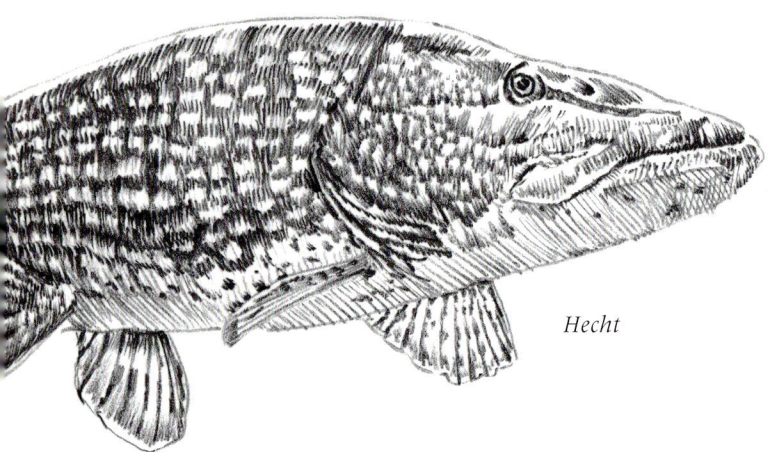

Hecht

manchen Regionen sogar gelegentlich der schneeweiße, exotisch anmutende Seidenreiher blicken.

Jetzt müssen wir die Uferregion gezielt nach Requisiten absuchen, die auch Vögel interessieren. Ein alter Bootssteg, ein Pfahl und Baumstrünke oder Äste, die auf dem Wasser treiben, sind bei vielen Vögeln beliebt, besonders aber beim Kormoran. Dieser vorzeitlich-skurril wirkende Vogel sitzt gern da mit ausgebreiteten Flügeln, um sein Gefieder zu trocknen. Kein anderer Wasservogel sonnt sich so oft und gern wie der Kormoran. Warum eigentlich? Die Antwort ist verblüffend: Anders als die meisten Wasservögel haben Kormorane keine Bürzeldrüse. Enten und Gänse produzieren mit dieser Drüse wasserabweisendes Gefiederfett, das ihr Federkleid geschmeidig hält und dadurch ihre Schwimmfähigkeit erhöht. Kormorane sind geschickte Taucher, die ihre Beute aus bis zu 15 Metern Tiefe emporholen können, für sie wäre Gefiederfett hinderlich. Aus diesem Grund liegen Kormorane niedrig im Wasser.

Auch unter den Enten gibt es Arten mit mehr und solche mit weniger Auftrieb. Tauchenten, zu denen Reiherenten, Tafelenten und Kolbenenten zählen, liegen niedriger im Wasser und sind sehr gute Taucher. Bis zu einer halben Minute können sie unter Wasser bleiben, wo sie nach Pflanzen, aber auch nach Muscheln suchen. Gründelenten, wie Stockenten, Spießenten und Schnatterenten, liegen hoch im Wasser und können gar nicht richtig tauchen. Sie gehen denn auch

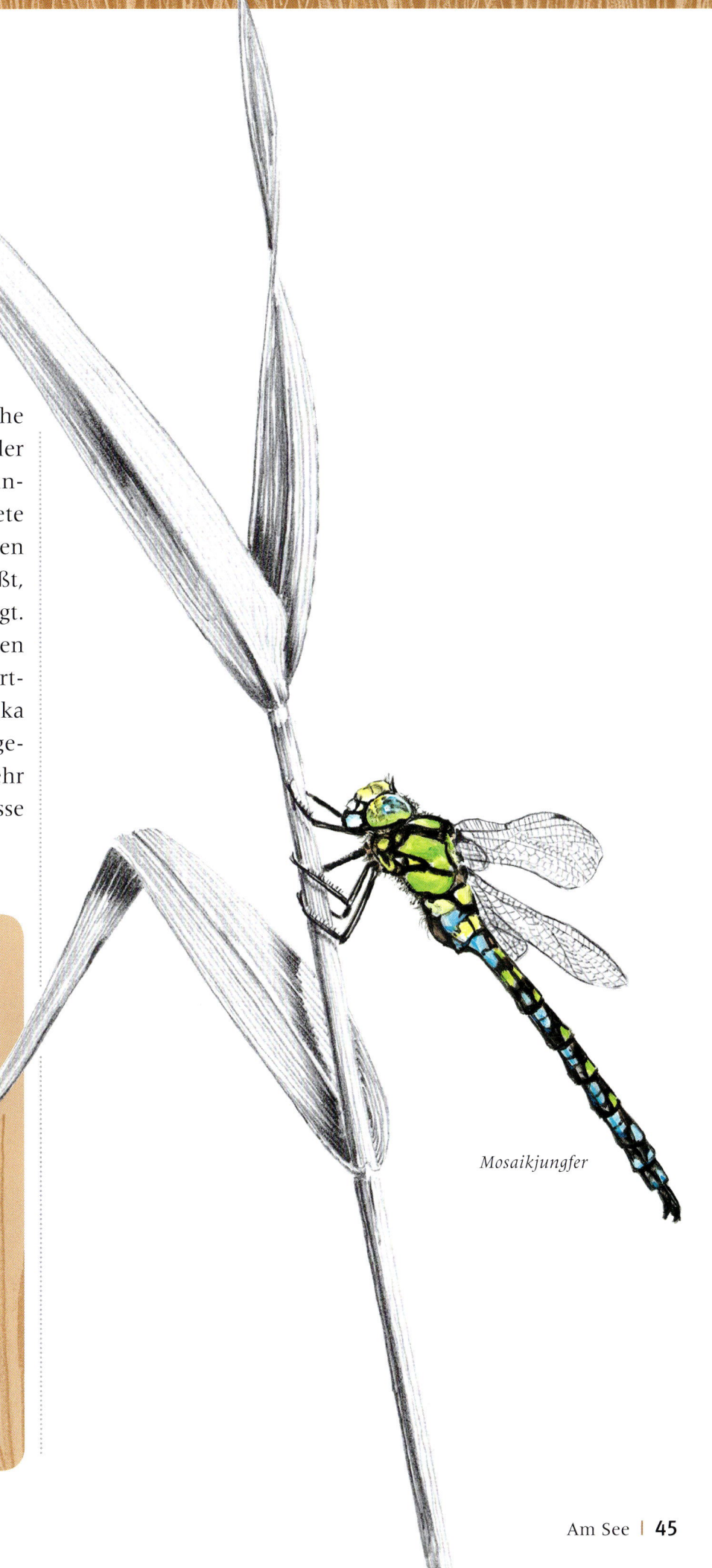

nach bewährter Methode auf Nahrungssuche: Köpfchen in das Wasser, Schwänzchen in die Höh'.

SENSIBLE SEICHTWASSERZONEN. Seeufer sind klassische Konfliktgebiete. Einerseits fühlen sich Paddler, Angler und Sonnenhungrige von ihnen unwiderstehlich angezogen. Andererseits sind sie auch Rückzugsgebiete für viele Wasservögel. Um die sensiblen Uferregionen zu erhalten, stehen sie unter Naturschutz, das heißt, das Betreten und Befahren mit Booten ist untersagt. Das ist gut. Schlecht ist, dass der Gesetzgeber keinen Unterschied macht zwischen rücksichtslosen Sportlern und vorsichtigen Naturbeobachtern. In Amerika denkt man darüber anders. Dort ist in Naturschutzgebieten verantwortungsbewussten Naturfreunden mehr erlaubt als Ignoranten, die die Natur nur als Kulisse für ihren Freizeitsport betrachten.

Beobachtungstipp

Für die Vogelbeobachtung vom schwankenden Boot aus eignen sich wegen Verwacklungsgefahr ausschließlich kleine Taschenferngläser mit einem Vergrößerungsfaktor von ungefähr 8 x 20 (siehe 1. Kapitel). Die Frage, wo man in der Nähe des Wohn- oder Urlaubsortes die interessantesten Vögel beobachten kann, beantwortet das Internet. Unter dem Stichwort »Feuchtgebiete internationaler Bedeutung« oder »Important Bird Areas« (IBAs) findest du in ganz Europa wichtige Brut- und Rastplätze für Wasservögel.

Mosaikjungfer

10. Oktober
Im Mittelgebirge

Schroffe Felsen und steile Berge sind oft
ein Souvenir aus der Eiszeit. Für Tiere bedeuten
sie einen praktischen Unterschlupf.

D amit sich Wildtiere in ihrer Umgebung wohlfühlen können, müssen die Voraussetzungen stimmen. Einige Arten haben ganz besondere Ansprüche. Solche Spezialisten sind meistens seltener und damit gefährdeter als Generalisten, die leicht zufriedenzustellen sind.

Ein Spezialist ist zum Beispiel der Uhu, der größte einheimische Nachtgreifvogel. Er liebt reich gegliederte, zerklüftete Mittelgebirgslandschaften mit Felswänden oder Steilhängen. Weil das Gelände so steil ist, kann der Wald meist nicht forstwirtschaftlich genutzt werden. Der Förster hatte also keinen Einfluss auf die Zusammensetzung der Baumarten. Buche, Hainbuche, Eiche und Bergahorn wachsen hier kunterbunt

durcheinander. Jetzt, im Oktober, kommt die Vielfalt der Laubbäume besonders gut zur Geltung, denn jede Art hat ihre eigene Blattfärbung.

Die Zerklüftung der Region weist auf ihre Entstehung in der Eiszeit hin, die durch extreme Klimaschwankungen gekennzeichnet war. Abwechselnd große Hitze und Kälte formten aus dem Schotter, den die Gletscher ablagerten, Felsen, brachten diese aber auch wieder zum Einstürzen und Verwittern. Noch heute zeugen in vielen Mittelgebirgen verstreute Felsbrocken von den turbulenten geologischen Zeiten.

Bergahorn

Fuchs

Fliegenpilz

Feuersalamander

Diese Blockschutthalden sind unwegsam. Rothirsche, Rehe und Wildschweine und auch Wanderer meiden sie. Unbehelligt vom Appetit der Menschen und Wildschweine wachsen hier Waldpilze zu stattlicher Größe heran. Zwischen den Steinen herrscht je nach Lage ein trockenwarmes oder feuchtwarmes Mikroklima. Schlangen, Eidechsen, aber auch der Feuersalamander mögen diese Felsbrocken, weil sie sich in der Sonne schnell aufwärmen und Unterschlupf vor Nässe, Kälte und Fressfeinden bieten. Die Kreuzspinne baut hier im Oktober ihr letztes Netz und verschwindet dann in die Winterruhe. Auch für den Feuersalamander endet im Oktober die Saison. Er sucht sich zwischen den Felsnischen ein kuscheliges Plätzchen, um in aller Ruhe zu überwintern.

Kleinsäuger dagegen, Mäuse, Marder und Eichhörnchen etwa, auch Dachse und Füchse, die ebenfalls gerne zwischen den Felsen hausen, bleiben im Winter aktiv. Würde man sich spät abends nahe einer Blockschutthalde auf die Lauer legen, hörte man ein ständiges Trippeln, Schnaufen, Schleichen und Rascheln.

Nur ein Tier schweigt sich in dieser Symphonie aus: der Uhu. Wer einmal eine Krähe beim Flug aus der Nähe beobachtet hat, der weiß, dass der Vogelflug mit einem deutlich hörbaren Rauschen verbunden ist. Nicht so beim Uhu, der auf seinen Schwingen und Krallen schallschluckende Federn besitzt. So haben seine Beutetiere nicht die leiseste Ahnung, wenn der große Vogel im Anflug ist. Klar, dass eine Blockschutthalde für den Uhu ein reich gedeckter Tisch ist. Sein Appetit ist groß, und er ist nicht mäkelig: Mäuse liebt er ebenso wie Insekten und Schlangen, aber auch Rehkitze und Jungfüchse findet er schmackhaft, selbst Krähen und andere Greifvögel verschmäht er nicht.

Und woher wissen die Ornithologen eigentlich so genau, was die Uhus alles fressen? Die Antwort finden sie unter Bäumen und am Fuß der Felsen in Form von Gewöllen. Das sind die Speiballen, in denen alle Eulenarten unverdauliche Nahrungsbestandteile wie

Welches Tier ist es?

Es hatte zwei Hörner auf der Nase und wanderte vor 480 000 Jahren in Europa ein. Einzelne Exemplare blieben uns als Eismumien in sibirischen Dauerfrostböden erhalten.

Suche es im 2. Kapitel und merke dir den achten Buchstaben!

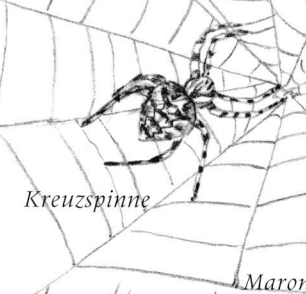

Parasol

Kreuzspinne

Maronenrörling

Die meisten Wildtiere sind dämmerungs- und nachtaktiv. Eine Nachtwanderung kann viele schöne Erlebnisse bringen, muss jedoch sorgfältig geplant werden.

Ein besonders attraktives und ergiebiges Ziel ist ein ungleichaltriger Mischwald mit Felswänden. Man sollte jedoch das Gebiet vorher mehrere Male bei Tag besuchen, um sich wichtige Geländepunkte zur Orientierung zu merken. Und am besten geht man bei Vollmond los, dann kommt auch die Herbstbalz der Uhus mit ihren charakteristischen Duett-Rufen besonders schaurig-schön zur Geltung: *u-hu, uh-ju, u-hu, uh-ju …*

Uhu

Haare, Knochen und die Chitinpanzer der Käfer und Großinsekten hervorwürgen. Mit Hilfe von Pinzette und Mikroskop können die Fachleute die Herkunft der Tierteile in den Gewöllen genau bestimmen. Auch wenn die Gewölle im Wald gefunden werden, so beweist deren Inhalt häufig, dass Uhus offenbar ihr Jagdgebiet weit auf die bäuerliche Feldlandschaft ausdehnen. Ratten, Hamster, Igel, Tauben, Rebhühner, Feldhasen, Graureiher und auch Singvögel, selbst Mäusebussarde und andere Eulen bereichern ihren ohnehin umfangreichen Speisezettel. Was die Nahrungsauswahl betrifft, so sind Uhus also Generalisten. Spezialisten sind sie dagegen vor allem in Bezug auf ihren Nist- und Horstplatz, der muss nämlich sicher sein vor Feinden. Und Uhus haben viele Feinde. Denn wehe dem Uhu, der für seine nächtlichen Jagdausflüge zu lange braucht und erst am Vormittag zu seinem Horst zurückfliegt. Solche Spätheimkehrer werden oft von Krähen, Raben, Amseln und Staren verfolgt, die immer wieder in Scheinangriffen auf sie niederstoßen. Dieses Verhalten wird als hassen oder mobben bezeichnet. Auch wenn der Uhu der unbestrittene König

der Nacht ist – tagsüber sieht er recht kläglich aus, wenn es für die anderen Vögel heißt: Alle auf einen!

SCHULDLOSE SCHWÄRME. Ein vertrauter Anblick im Herbst sind große Krähenschwärme. Die Befürworter der Krähenjagd sprechen dann gern von Übervermehrung: Krähen hätten keine natürlichen Feinde mehr, müssten also geschossen werden. Sie vergessen jedoch, dass im Herbst manche Arten bei uns nur zu Besuch sind, etwa die Saatkrähen aus Osteuropa. Weil sie in Gemeinschaft sicher vor Uhus sind, sammeln sie sich gern auf Schlafbäumen. Doch zu keiner Zeit hatten Uhus Einfluss auf den Krähenbestand, denn dieser wird vor allem durch das bestehende Nahrungsangebot – Abfälle, Obst, Beeren, Käfer und Regenwürmer – bestimmt.

11. November
In der Wildnis

Unordnung, Chaos und Vergänglichkeit
in der Natur bergen oft für viele Tiere und Pflanzen
enorme Entwicklungsmöglichkeiten.

Wildnis, was ist das eigentlich? Bei einer Umfrage soll ein kleiner Junge auf diese Frage geantwortet haben: »Wildnis – das ist bei mir unterm Bett!« Das ist gar nicht so falsch. In der Wildnis ist nämlich ein ordnendes Eingreifen durch Menschen nicht zulässig. Kleine Beispiele von Wildnis im Wald haben wir ja bereits kennengelernt, nämlich auf Steilflächen oder in solchen Waldgebieten, deren Förster sich nicht nur für Holz, sondern auch für Eulen, Spechte und Käfer interessiert. Dort darf schon mal ein Baum an Altersschwäche sterben und einfach so umfallen und liegen bleiben. Es gibt aber noch andere Gründe, warum Förster ein paar Bäume in ihrem Wald auch in hohem Alter nicht fällen, sondern verrotten lassen. Auf morschen Bäumen keimen junge Bäume oft leichter als auf den dichten und harten Waldböden. Das haben Förster im Nationalpark Bayerischer Wald immer wieder beobachtet, wo bereits seit 1970 viele Gehölze wachsen, sterben und umfallen können, ohne dass sie eingreifen.

Was aber, wenn nicht nur zwei oder drei Bäume verrotten, sondern gleich zwei-, dreihundert? Was, wenn nicht nur ein paar Dutzend interessante Käfer herumkrabbeln, sondern gleich ein paar Hunderttausend herumfliegen und die Bäume totfressen? Viele Menschen sind schockiert, wenn – etwa durch Orkanstürme und Borkenkäfer – zwei Drittel der Bäume in einem Wald zusammenbrechen. Das sieht dann ziemlich gruselig aus – auch, weil uns die Baumleichen daran erinnern, dass nichts ewig dauert und dass zum Leben ja auch Tod und Vergänglichkeit gehören.

Wer sich Zeit nimmt, kann selbst beobachten, wie aus großflächiger Vergänglichkeit großflächiger Neuanfang wird. Besonders jetzt im Spätherbst, wenn einem die Welt irgendwie dunkler und trauriger vorkommt, fallen die Farbtupfer in der Wildnis auf. Umgefallene Fichten haben oft durch die Pilzkrankheit Rotfäule auffallend rotes Holz bekommen. Orange, weiß oder gelb leuchten auch die Baumschwämme, die an den toten Stämmen wachsen und dadurch das Holz schneller zersetzen. Gras, Kräuter und Laub verfärben sich im Herbst rot, braun und gelb. Dazwischen schimmern immer wieder die roten und blauen Beeren der Sträucher und kleinen Bäume. Sie haben nur darauf gewartet, dass die alten Bäume umfallen.

Über das Chaos an toten Stämmen und die vielen Beeren freuen sich die Auerhähne. Die Heidelbeeren auf den Freiflächen bilden ihre wichtigste Nahrungsgrundlage. Die umgekippten Bäume bieten Unter-

Heidelbeere

Rothirsch

Baumschwamm

Auerhahn

Igel

schlupf für die Küken und Balzplätze im Frühjahr. Hier stimmen die Auerhähne ab März ihre Balzgesänge an, die aus lustigen trällernden, schnalzenden und wetzenden Geräuschen bestehen.

Ein Spezialist für neu entstandene Freiflächen im Wald ist auch der Rothirsch. Zum Hochzeitsritual (der Brunft) gehört das Röhren, was sich wie ein Rülpsen im Tunnel anhört. Wichtig für eine gelungene Hirschhochzeit ist außerdem die wirkungsvolle Präsentation des Geweihs, und dazu brauchen die männlichen Tiere den Platz der Lichtungen. Rothirsche und Auerhähne mögen die Wildnis auch deswegen, weil das Tohuwabohu an Totholz, Altholz, Strauch-, Kraut- und Buschflächen nur sehr schwer zugänglich ist für

Menschen. Für Balz, Brunft und auch die Aufzucht der Jungen brauchen sie ein bisschen ungestörte Privatsphäre.

Auch andere außergewöhnliche Tiere lieben die Wildnis: Im dichten Gebüsch und unter den Stämmen und Wurzeltellern der umgekippten Bäume ziehen Luchs, Wolf und Braunbär mit Vorliebe ihren Nachwuchs groß. Luchs und Wolf hast du bereits in den vorigen Kapiteln kennengelernt. Dem Bären müsste man eigentlich ein ganzes Buch widmen. Denn Meister Petz ist auf dem besten Weg, wieder bei uns heimisch zu werden! Die Verwandten des Bären Bruno, der 2006 versuchte, in Bayern einzuwandern, leben in Slowenien. Von dort aus haben sie mit Unterstützung der Menschen langsam wieder Rückzugsgebiete in Österreich, der Schweiz und Italien erobern können.

Doch die wenigen Wildnisgebiete, die es in Mitteleuropa gibt, reichen Braunbären, Luchsen, Wölfen und Rothirschen, die herangewachsen sind, nicht mehr aus. Dann verlassen sie die Reviere ihrer Eltern und suchen sich eigene Jagdgebiete – zum Beispiel Kulturlandschaften, wo kluge Bauern, Jäger und Förster nichts einzuwenden haben gegen ein bisschen Wildheit.

Eine Wildnis als Rückzugsgebiet für wilde Tiere lässt sich in fast jedem Garten und Vorgarten verwirklichen – freilich in viel kleinerem Maßstab: Das

Welches Tier ist es?

Sie stellt gern ihren Bart
zur Schau, der den Weibchen und
Männchen nicht am Kinn,
sondern auf dem Rücken wächst.

Suche es im 12. Kapitel und merke dir den fünften Buchstaben!

wilde Tohuwabohu eines Reisighaufens bildet für Igel ein beliebtes Winterquartier, in welches sie sich spätestens im November zurückziehen.

REGELN GEGEN RUMMEL. In der Wildnis spielen Tiere und Pflanzen die erste Geige. Wenn sich Menschen an diese Regel halten, dürfen sie sich auch dort aufhalten. So sieht es die Weltnaturschutz-Union (IUCN) in der 1984 geschaffenen Schutzgebietskategorie » Wildnisgebiet « vor. In der Schweiz, Österreich, Italien und

bald auch in Deutschland gibt es solche Wildnisgebiete, in denen Besucher ausdrücklich das Recht haben, » Stille und Einsamkeit zu genießen «. Breite Wanderwege etwa, Kioske und Motorfahrzeuge sind nicht zugelassen und die erlaubten Besucherzahlen auf ein Minimum reduziert. So geraten die wilden Tiere nicht in Stress durch uns Menschen!

Braunbär

Beobachtungstipp

Die Wege, die wilde Tiere wählen, wenn sie in ihrem Lebensraum unterwegs sind, werden als Wechsel bezeichnet. Der Ort dieser Wechsel ist jetzt sehr einfach zu finden: Wenn die Temperaturen tagsüber noch über dem Gefrierpunkt liegen und in der Nacht darunter fallen, gibt es Raureif. Die steif gefrorenen Halme und Blätter auf der Wiese nach einer Raureifnacht haben jeden Huf- und Pfotenabdruck konserviert. Die Wildwechsel sind dann deutlich zu erkennen.

12. Dezember
Im Hochgebirge

Steinböcke, Gämsen und ein unzeitgemäßer bunter
Vogel zeigen: Auch ohne Skier und Snowboard
kann man im winterlichen Hochgebirge viel erleben.

Gämse

Alpenschneehuhn

Kolkrabe

Dohle

V on nix kommt nix. Die spannendsten Tier- und Naturerlebnisse stellen sich meistens erst dann ein, wenn wir mit den nötigen Vorkenntnissen, der richtigen Ausrüstung und vor allem mit Ausdauer und Geschick in Vorleistung gegangen sind. Das gilt besonders für das Hochgebirge. Der Lebensraum von Gämse, Steinbock und Schneehuhn lässt sich nämlich selten auf bequemen Spazierwegen erreichen. Doch wer die Schwierigkeiten eines Gebirgsausflugs im Winter nicht scheut, dem erschließt sich eine Zauberwelt. Wenn eine dicke Schneeschicht alle Geräusche dämpft und Konturen auflöst, wenn klirrende Kälte und Sonnenstrahlen zarte Eiskristalle in der Sonne glitzern lassen, dann rücken die Banalitäten und Sorgen unseres Alltags in weite Ferne. Ein Winterwunderland umfängt uns.

Zu Fuß, auf Langlaufskiern oder mit Schneeschuhen an den Füßen entdecken wir den Lebensraum Hochgebirge, doch Vorsicht: Am Anfang nur nichts übertreiben! Denn wer ins Schwitzen und Keuchen kommt, ausrutscht oder dilettantisch herumschlittert, kann sich nicht mehr auf die Zeichen der Natur konzentrieren. Die Abdrücke von großen Flügelfedern im Schnee und kurz davor die Spuren, die ein vorwitziges Mäuschen bei seinem Spurt hinterlassen hat, oder auch die Fährte eines

Mauerläufer

Fuchses, die der eines Schneehasen folgt, zeugen von den Dramen der vorangegangenen Nacht. Sie zeigen aber auch, dass wir in einer eigenen Welt zu Gast sind und am besten auch nicht zu lange stören.

Jede Flucht, ob durch einen Fuchs, einen Kolkraben oder einen Skilangläufer ausgelöst, kostet die Tiere Energie und damit wertvolle Kalorien, die jetzt im Winter dringend gebraucht werden, um ihr Körperinneres konstant über 36 Grad Celcius warmzuhalten. Auf unserer Exkursion nutzen wir deswegen nur die gekennzeichneten Wege und Steige. Wir meiden außerdem Büsche und Dickungen, unter denen viele

Welches Tier ist es?

Es ist so scheu, dass man meinen könnte, die Art sei sehr selten. Sein Lebensraum muss viele Versteckmöglichkeiten bieten.

Suche ihn im 4. Kapitel und merke dir den neunten Buchstaben!

Tiere Schutz vor Kälte, Wind und Nässe gefunden haben. In kurzen Abständen unterbrechen wir unsere Wanderung, um uns umzusehen und zu lauschen. Die totale Stille in einem Winterwald ist wirklich ein Erlebnis! Die meisten der Vögel, die hier im Sommer leben, haben sich in den Süden und in die wärmeren Täler geflüchtet. Unter den Zurückgebliebenen sind ganz wenige, die einen Pieps von sich geben.

Zu diesen Ausnahmen gehört der Fichtenkreuzschnabel, dessen schwatzhafter Gesang die Stille des Bergwaldes zerreißt: *zjit-zjit zäri-zis que-di, que-di döng-döng, kip-kip-kip*. Fichtenkreuzschnäbel sind auf die Samen in den Zapfen der Nadelbäume spezialisiert. Da diese Bäume nicht jedes Jahr Zapfen tragen, sammeln sich die Vögel häufig in Trupps und wandern ab, um anderswo überraschend wieder aufzutauchen. Sie werden deswegen auch als Invasionsvögel bezeichnet.

Für Überraschungen ist auch der Mauerläufer gut. Nach ihm halten wir bereits beim Anstieg Ausschau. Der Vogel, der mit den breiten, knallroten Flügeln wie ein großer exotischer Schmetterling wirkt, brütet in den Hochlagen. Doch jetzt, in der kalten Jahreszeit, sieht man ihn auch an den Mauern alter Gebäude oder, je nach Wetterlage, an Felswänden. Dort sucht er mit seinem langen Schnabel nach Insekten, Spinnen und Asseln, die in den Ritzen überwintern.

Nach einem mehrstündigen Marsch erreichen wir die Baumgrenze. Immer wieder machen wir halt, um mit dem Fernglas oder einem Spektiv (das ist ein spezielles Fernrohr für Tierbeobachter) die Bergflanken abzusuchen. Oft hilft uns die Drei-S-Regel der Gebirgsjäger: steinig, steil, Südlage. Hier bleibt der Schnee nie lange liegen. Deshalb erwischen wir vielleicht einen Steinbock oder eine Gämse dabei, wie sie sich als geübte Kletterer den spärlichen Bewuchs – ausgedörrtes Gras, Mose und Flechten – einverleiben.

weißen Boden sorgen muss. Aber ist Skifahren wirklich das einzige, was die Berge im Winter interessant macht? Gesucht werden Natur-Pioniere, die das Erlebnis Winterwald nicht von der Schneehöhe abhängig machen! Naturtourismus könnte so zum Trendsport der Zukunft in den Alpen werden.

Es schaut schon ziemlich gefährlich aus, wie die Gämsen an den steilen Bergrücken entlangturnen, doch noch riskanter geht es bei den Steinböcken zu. Selbst senkrechte Felswände mit daumenbreiten Vorsprüngen meistern sie souverän. Für beide Tierarten ist der Winter eine aufregende Zeit. Bei Gämsen geht die Brunft Anfang Dezember zu Ende, bei den Steinböcken beginnt sie zu diesem Zeitpunkt. Brunft, das bedeutet für die Tiere viele Verfolgungsjagden sowie ausgiebiges Imponier- und Kampfgehabe, bevor sich Steinbock und Steingeiß, Gamsbock und Gamsgeiß endlich zusammenfinden. In dieser Zeit sind Tiere sehr auf sich selbst konzentriert, denn der jeweilige Nebenbuhler muss in Schach gehalten und die paarungsbereite Geiß umworben werden. Menschen werden von ihnen kaum wahrgenommen. Deshalb ist der Winter in den Bergen für Wildtierbeobachter eine besonders lohnende Zeit. Nur kälteempfindlich dürfen sie nicht sein …

NATUR-PIONIERE GESUCHT! Klimawandel und Wirtschaftskrise gehen besonders in den Bergen Hand in Hand. In vielen Wintersportorten ist Schnee inzwischen keine Selbstverständlichkeit mehr, sodass die teure und umweltschädliche Schneekanone für einen

Steinbock

Glossar

A ABWANDERN Die meisten wild lebenden Pflanzenfresser und Raubtiere verlassen die Reviere ihrer Eltern, sobald sie geschlechtsreif sind. So wird sichergestellt, dass die Tiere sich nicht später gegenseitig die Nahrung wegnehmen.

ANGESPÜL Am Strand angeschwemmte Meeresorganismen wie Muscheln, Schnecken, Algen, Krebse und Seesterne. Besonders viel Angespül findet man nach stürmischen Nächten und bei Ebbe (---> Gezeiten).

AGRARLANDSCHAFT Feldlandschaft, die hauptsächlich zur Produktion von menschlicher und tierischer Nahrung und nachwachsenden Rohstoffen (»Biokraftstoff«) genutzt wird. Agrarlandschaften bestehen meist aus großen und einheitlich angelegten Äckern, die man leicht bewirtschaften kann. Sie zeichnen sich durch geringe ---> biologische Vielfalt aus. Abwechslungsreiche und kleinere Felder und Wiesen sind hingegen für viele Tier- und Pflanzenarten beliebte Lebensräume.

ARTENVIELFALT Der Reichtum an Tieren und Pflanzen in einem Gebiet. Dabei ist nicht nur die Anzahl der Arten wichtig, sondern auch das Vorhandensein unterschiedlicher

Gattungen. In Wäldern mit hoher Artenvielfalt gibt es nicht nur Bäume und Singvögel, sondern auch Sträucher, Kräuter, Eichhörnchen, Haselhühner und Waldkäuze.

B BALZ Paarungsvorspiel bei Vögeln und Fischen, d. h. die Gesamtheit der Verhaltensweisen vor und teilweise auch nach der Begattung. Dazu gehören ---> Imponierverhalten, rhythmische Bewegungen (Tanz) und der Austausch von Zärtlichkeiten. Bei Vögeln ist die Balz zudem durch besondere Lautäußerungen (Gesänge) gekennzeichnet.

BAUMGRENZE Gedachte Linie im Hochgebirge, jenseits der aus klimatischen Gründen (Temperatur, Wind) keine Bäume mehr wachsen können. In den Alpen liegt die Baumgrenze bei rund 2300 Metern.

BEUTESPEKTRUM Gesamtheit der verschiedenen Beutetiere, die von einer Raubtierart gefressen werden. Zum Beispiel gehören Rehe, junge Rothirsche und Hasen, nicht aber Menschen und ausgewachsene Kühe zum Beutespektrum des Luchses. Bei Pflanzenfressern wie Rothirschen und Allesfressern wie Braunbären spricht man dagegen von »Nahrungsspektrum«.

BIOINDIKATOR Bestimmte Tier- oder Pflanzenarten, deren Vorkommen den Fachleuten anzeigt, welche Qualität der jeweilige ---> Lebensraum hat.

BIOLOGISCHE VIELFALT (BIODIVERSITÄT) Summe aus ---> Artenvielfalt, der Vielfalt der ---> Ökosysteme und der ---> genetischen Vielfalt. Im Jahr 2007 beschloss die Bundesregierung eine *Nationale Strategie zur biologischen Vielfalt*, um den Rückgang der biologischen Vielfalt bis zum Jahr 2010 zu stoppen.

BRÜCKENTIER Tier, das Merkmale von zwei Tiergruppen aufweist: der stammesgeschicht-

lich jeweils älteren und jüngeren. Brückentiere kennzeichnen also oft den Übergang von einer zu einer anderen Epoche.

BRUNFT Paarungszeit verschiedener Huftiere, wie Rehe, Rothirsche und Gämsen. Bei anderen Tierarten wird dieser vorübergehende Zustand geschlechtlicher Erregung als »Brunst« bezeichnet.

BRUT-, SETZ- UND AUFZUCHTZEIT Zeit zwischen März und Juli, in der Säugetiere, Vögel, Reptilien und Amphibien Nachwuchs bekommen, also ihre Eier ausbrüten oder Jungtiere austragen, setzen (beim Menschen würde man sagen »gebären«) und aufziehen. Die Tiere sind während dieser Monate besonders störempfindlich.

BRUTVOGEL Vogel, der ständig in einer Region ansässig ist. Anders als die Vogelarten, die sich nur kurzzeitig auf Besuch in einer bestimmten Gegend aufhalten, entwickeln Brutvögel echte Heimatgefühle. Sie wissen, dass ein Gebiet für den Nachwuchs geeignet ist, und bauen dort regelmäßig ihre Nester.

BURGFRIEDEN »Tötungshemmung« bei Raubtieren innerhalb ihres unmittelbaren Lebensbereiches. In der Nähe ihrer Wohnhöhle töten Raubtiere keine anderen Tiere. Füchse z. B. leben sogar oft im selben Bausystem wie Enten und Gänse, die sie außerhalb dieses Gebietes jagen würden. Auch Marder, die ihren Bau in einem Hühnerhof haben, lassen dort das Geflügel meist unbehelligt.

D DÄMMERUNGSAKTIV (NACHTAKTIV) Wildtiere sind in der Zeit kurz vor und kurz nach Sonnenuntergang oft besonders aktiv. Sowohl ---> Schalenwild, wie Rehe und Rothirsche, als auch die meisten Raubtiere können im Dunkeln wesentlich besser sehen als Menschen.

DAUERFROSTBODEN In den Regionen rund um die Arktis und die Antarktis ist der Boden das ganze Jahr über gefroren. Nur in den Sommermonaten taut er an der Oberfläche auf und ist dann oft sogar besonders artenreich.

DROSSELSCHMIEDE Singdrosseln suchen sich einen harten Untergrund (z. B. einen großen, flachen Stein), um Gehäuseschnecken zu knacken. Drosselschmieden sind an herumliegenden Schalentrümmern zu erkennen.

DÜNGER Stoffe oder Stoffgemische, die das Nährstoffangebot der Kulturpflanzen erhöhen. Die meisten Wildpflanzen brauchen viel weniger Nährstoffe als Kulturpflanzen.

E **ENGLISCHER GARTEN** Im Gegensatz zum geometrisch angelegten französischen Barockgarten ein Landschaftsgarten, der die Vielfalt der Natur nachahmt. Erfunden wurde er in England während des 18. Jahrhunderts. Englische Gärten zeichnen sich durch eine große ⸺> Artenvielfalt aus.

ERBMATERIAL (ERBGUT) In den Körperzellen gespeicherte Informationen, die ein Organismus zur Entwicklung braucht. Das Speichermedium in der Zelle ist eine sehr komplizierte chemische Verbindung, die auch unter der Abkürzung DNA bekannt ist.

EVOLUTION Entwicklungsgeschichte der Lebewesen. Kennzeichnend für die Evolution einer Art ist die Veränderung von ⸺> Erbmaterial von einer Generation zur nächsten.

F **FISCHTREPPE (FISCHWEG, FISCHWANDER-HILFE)** Die meisten Fische in einem Fluss leben in unterschiedlichen Gewässerregionen. Doch zwischen ihren Laichgründen (⸺> Laich) und ihren späteren ⸺> Lebensräumen liegen oft gefährliche und unüberwindliche Hindernisse, wie Kraftwerke oder Staustufen. Auf eigens

angelegten »Fischtreppen« können die Tiere diesen Hindernissen ausweichen.

G **GENERALIST** Anpassungsfähiges Tier. Weil es ein großes Nahrungs- oder Beutespektrum besitzt, kann es in vielen verschiedenen Lebensräumen existieren (⸺> Spezialist).

GENETISCHE VIELFALT Unterschiedliche Merkmale bei Exemplaren einer Tier- oder Pflanzenart. Je vielfältiger diese Merkmale sind, desto höher ist die Anpassungsfähigkeit und damit auch die Überlebensfähigkeit der betreffenden Art.

GENTECHNIK Mit mikrotechnischen Eingriffen in das ⸺> Erbmaterial steuert der Mensch die ⸺> Evolution mancher Tier- und Pflanzenarten. Sein Ziel ist es dabei, Arten zu entwickeln, die für ihn günstige Merkmale aufweisen, z. B. ein Schwein mit besonders vielen Rippen oder Mais, der gegen Schädlinge immun ist. Durch gentechnische Maßnahmen können unabsichtlich aber auch wild lebende Arten verändert werden.

GEWÖLLE Speiballen mit unverdaulichen Nahrungsresten (Federn, Fell, Knochen), die von Eulen und Greifvögeln ausgewürgt wurden. Mithilfe der Gewölle lässt sich das ⸺> Beutespektrum dieser Vögel analysieren.

GEZEITEN (DIE TIDE) Der durch die Anziehungskraft von Mond und Sonne verursachte Wechsel von Ebbe und Flut auf den großen Gewässern der Erde. Die »Gezeitenzone« ist der Bereich einer Küste, in dem die Grenze zwischen Land und Wasser durch Ebbe und Flut hin- und herwandert. Mit »Gezeitenhub« wird der Höhenunterschied im Wasserstand (Pegelstand) zwischen Ebbe und Flut bezeichnet.

GRÜNBRÜCKE (BIOBRÜCKE) Breite Autobahnen und Bundesstraßen zerschneiden die ⸺> Lebensräume der Wildtiere in Mitteleuropa und verhindern die Wanderbewegungen von vielen Wildtierarten, z. B. Rothirschen und Luchsen. Um diesen Tieren ihre Wanderungen zu ermöglichen, werden über immer mehr Autobahnen »Grünbrücken« gebaut, auf denen sie ungefährdet die Straßen überqueren können.

H **HASSEN (MOBBEN)** Eulen und Greifvögel werden manchmal in der Luft durch Scheinangriffe anderer, oft wesentlich kleinerer Vögel, wie Amseln und Krähen, attackiert, d. h. »gehasst«. Die mutigen Angreifer wollen dadurch die größeren Vögel von Beuteflügen in ihrem Brutrevier abhalten.

I **IMPONIERVERHALTEN** Männliche Säugetiere und Vögel versuchen durch bestimmte Verhaltensweisen beim anderen Geschlecht und bei den Rivalen Eindruck zu machen. Das Röhren und das Geweih des Rothirsches erfüllen diesen Zweck. Auch die bunte »Imponierbefiederung« bei vielen männlichen Vögeln soll die Artgenossen beeindrucken.

INVASIONSVOGEL Bei Nahrungsmangel und Übervölkerung verlassen manche Vogelarten ihre Brutreviere und suchen weit entfernte Gebiete auf, wo es besonders viel Nahrung gibt und wo sie oft invasionsartig einfallen.

J **JÄGERSPRACHE** Jäger benutzen spezielle Fachausdrücke, wie z. B. »Blume« für Hasen-

schwanz und »Gebrech« für Wildschweinmaul. Die Jägersprache ist oft kompliziert und scheint rätselhaft, vielleicht stößt deshalb die Arbeit der Jäger bei vielen Menschen auf Unverständnis.

JAGDGESETZ Die jagdliche Nutzung (bzw. die Schonung) der meisten Wildtierarten wird im Bundesjagdgesetz und in den Jagdgesetzen der Bundesländer detailliert geregelt. Unter anderem wird betont, dass die Jagd verbunden ist mit der Pflicht zur Hege eines artenreichen Wildbestandes. Jäger sollten sich also mehr um seltene, nicht jagbare Tierarten kümmern.

JAGDREVIER Mit Ausnahme von besiedelten und umschlossenen Gebieten (z. B. Friedhöfen und Baumschulen) herrscht auf allen bewachsenen Flächen das Recht zur Jagdausübung. Dies beinhaltet auch die Pflicht zur Hege.

K **KLIMAERWÄRMUNG (GLOBALE ERWÄRMUNG, KLIMAWANDEL)** Seit Jahrzehnten beobachten Wissenschaftler eine allmähliche Erwärmung der Erdatmosphäre. Extreme Wetterverhältnisse, wie Stürme und Überschwemmungen, werden dadurch häufiger. Die meisten Experten sind sich einig darüber, dass dafür maßgeblich der Ausstoß von Treibhausgasen (u.a. Kohlenstoffdioxid, Methan und Distickstoffmonoxid) durch den Menschen verantwortlich ist.

KULTURFOLGER Tierarten (z. B. Weißstörche, Rebhühner und Hasen), die in einer ⟶ Kulturlandschaft ansässig werden, weil sie in der abwechslungsreichen Gegend Nahrung und Unterschlupf finden.

KULTURLANDSCHAFT Von Menschen bearbeitete Landschaft, die aber nicht wie die ⟶ Agrarlandschaft nur am wirtschaftlichen Ertrag interessiert ist. Die landwirtschaftliche Nutzung einer Kulturlandschaft richtet sich nach den besonderen örtlichen Gegebenheiten, ist abwechslungsreich und naturnah und orientiert sich an traditionellen Nutzungsformen.

L **LAICH** Die Eier von Fischen und Amphibien, z. B. Fröschen und Kröten. Ein »Laichgrund« ist das Gebiet, in dem diese Tiere mit Vorliebe »ablaichen«, also ihre Eier ablegen.

LEBENSRAUM Geografisches Gebiet, in dem ein Tier lebt, d. h. seine Behausung hat, auf Nahrungssuche geht und sich fortpflanzt. Der Lebensraum enthält alle für diese Funktionen wichtigen Elemente. In der Feldlandschaft sind das z. B. Hecken, Randstreifen, Feuchtflächen und Baumgruppen. Die »Lebensraumelemente« bieten Nahrung (Beeren, Insekten, Pflanzen), Unterschlupf- und Versteckmöglichkeiten (hohle Bäume, Reisighaufen, dichte Gebüsche).

Viele Tiere lieben auch Aussichtsplätze, wie einzeln stehende Bäume oder Strommasten.

LEBENSRAUMKORRIDOR Lebensräume für wilde Tiere werden oft durch Straßen, Siedlungsgebiete und besonders ungastliche Agrarflächen unterbrochen. Durch schmale, mit Gras, Bäumen und Büschen bewachsene Korridore können die Lebensräume der Tiere miteinander verbunden werden. Lebensraumkorridore sind z. B. auch ⟶ Grünbrücken.

M **MIKROKLIMA (KLEINKLIMA)** Klima in Bodennähe, das sich von dem der Umgebung unterscheidet. Gesteinsformationen und Bodenbewuchs sorgen dafür, dass sich in Bodennähe die Temperatur- und Feuchtigkeitswerte deutlich von denen der Umgebung abheben. Ursache für kühles und feuchtes Mikroklima ist z. B. besonders dichter Pflanzenwuchs. Insekten und bodenbrütende Vögel meiden solche Gebiete in der Regel.

N **NATURGARTEN** Garten mit überwiegend einheimischen Bäumen, Sträuchern und Wildblumen. Naturgärten sind nicht nur für Vögel und kleine Wildtiere, z. B. Igel, attraktiv, sondern auch für Insekten, wie Hummeln, Bienen, Spinnen und Käfer.

NATURSCHUTZGESETZ Das Bundesnaturschutzgesetz bestimmt die Grundlinien für den Umgang mit der Natur in Deutschland. Die genauen Details regeln die Naturschutzgesetze der einzelnen Bundesländer.

NATURSCHUTZVERBAND Viele Menschen, die sich für die Natur engagieren, werden Mitglied bei einem Naturschutzverband. Die größten Verbände in Deutschland sind der BUND (Bund für Umwelt und Naturschutz in Deutschland), der WWF (World Wide Fund for Nature) und der NABU (Naturschutzbund Deutschland).

NATURTOURISMUS (ÖKOTOURISMUS) Das
verantwortungsvolle, d. h. umweltverträgliche
Reisen, bei dem das Erleben von Natur
im Mittelpunkt steht. Bei guter Reiseplanung
tragen die Ausgaben der Urlauber in der
bereisten Region zur Finanzierung des Natur-
schutzes bei.

O ÖKOLOGIE Wissenschaft, die sich der
Erforschung der biologischen Wechselbeziehungen zwischen Organismen und deren
natürlicher Umwelt widmet.

ÖKOSYSTEM Großraum, in dem die biologischen
Wechselbeziehungen zwischen Organismen
und deren natürlicher Umwelt stattfinden. Die
Ausdehnung eines Ökosystems bestimmt man
oft nach den geologischen Gegebenheiten
(z. B. Gebirgsrücken), der vorkommenden
Vegetation (z. B. Wald) sowie den Wanderbewegungen der in diesem Großraum lebenden
Großtierarten (z. B. Luchse und Rothirsche).

ORNITHOLOGIE Vogelkunde, Wissenschaft von
den Vögeln und ihren Lebensweisen.
Viele Erkenntnisse der Ornithologie stammen
von Hobbyornithologen.

P PALÄONTOLOGIE Wissenschaft, die sich mit
ausgestorbenen Tieren und Pflanzen beschäftigt. Erst durch paläontologische Erkenntnisse
konnte die ⟶ Evolution vieler heute lebender
Tier- und Pflanzenarten richtig erklärt werden.

R RANGER Speziell ausgebildete Führer in
Nationalparks und anderen ⟶ Schutzgebieten.

REGENERATION Fähigkeit von bestimmten
Organismen, verloren gegangene Teile aus
eigener Kraft zu ersetzen. Pflanzen ersetzen
ganz leicht ein Blatt, eine Blüte oder einen Ast,
die etwa Tiere abgefressen haben. Auch einige
niedere Tierarten können abgerissene Körper-
teile nachwachsen lassen. Dazu gehören Regenwürmer, Seesterne, Molche und Eidechsen.

RENATURIERUNG Wiederherstellung von zer-
störten, ehemals naturnahen Lebensräumen,
z. B. durch Bepflanzung mit standorttypischen
Pflanzen. Auch Flüsse und Bäche können
renaturiert werden. Dabei wird versucht, das
ursprüngliche, nicht begradigte Flussbett
wiederherzustellen. Zur Renaturierung gehört
auch die Wiederansiedlung von ursprünglichen
Tier- und Pflanzenarten.

ROTE LISTE Verzeichnis gefährdeter, aus-
gestorbener oder verschollener Tier- und
Pflanzenarten. Auch gefährdete Lebensräume
werden gelistet. Rote Listen werden von
Naturschutzbehörden und -verbänden heraus-
gegeben und von Wissenschaftlern regelmäßig
aktualisiert. Sie liefern zuverlässige Hinweise
auf den Zustand der ⟶ biologischen Vielfalt in
einer bestimmten Region und dienen Naturschützern, Planern und Behörden als Entschei-
dungsgrundlage.

RÜCKZUGSGEBIET Bestimmte Region innerhalb
eines ⟶ Lebensraums, in die sich wilde Tiere
zurückziehen, um sich zu paaren und ihre
Jungen aufzuziehen.

S SAUMBIOTOP Ungenutzte Streifen am
Rand von landwirtschaftlichen Nutzflächen.
Saumbiotope sind für bodenbrütende Vogelarten und Insekten besonders wichtig. Häufig
kümmern sich Naturschützer, Jäger und
engagierte Bauern gemeinsam um die Anlage
und Bepflanzung von Saumbiotopen.

SCHALENWILD Fachausdruck aus der Jägersprache für alle wild lebenden Tiere, die sich
auf Schalen (Hufen) fortbewegen. Dazu
gehören z. B. Rehe, Rothirsche, Wildschweine,
Mufflons, Gämsen und Elche.

SCHUTZGEBIET Region, in der die einheimische
Pflanzen und Tiere besonders gewissenhaft
geschützt werden und sich daher gut vermehren können.

SCHUTZGEBIETSKATEGORIE Arten von Schutzgebieten, z. B. Nationalpark, Biosphärenreser-
vat, Naturpark, Naturschutzgebiet. Die jüngste
und den bisher strengsten Regeln unterworfene
Schutzgebietskategorie in Deutschland ist
⟶ Wildnisgebiet.

SPEZIALIST Im Gegensatz zum ⟶ Generalist
ein Tier, das auf ganz bestimmte Lebensräume
und Nahrungsquellen spezialisiert ist. Der
Wanderfalke brütet z. B. am liebsten in Felsnischen und nicht in Bäumen. Auch viele
Schmetterlinge haben sich auf spezielle
Raupenfutterpflanzen spezialisiert, auf denen
sie ihre Eier ablegen.

W WILDBIOLOGIE Teilbereich der Biologie,
der sich mit wild lebenden Tieren und ihren
Lebensräumen beschäftigt. Viele Wildbiologen
sind als Experten gefragt, wenn es darum
geht, zwischen den Interessen von Jägern,
Landwirten und Naturschützern zu vermitteln.

WILDNISGEBIET Internationale Schutzgebietskategorie. Wildnisgebiete unterliegen strengen
Schutzbestimmungen. Gleichzeitig sollen sie
für den Naturtourismus besondere Erlebnis-
möglichkeiten bieten, daher bieten ⟶ Ranger
Exkursionen an.

Rätselauflösung

Welches Tier ist es?

Trage in die Felder die Buchstaben ein!

1	2	3	4	5	6	7	8	9	10	11	12

Die einzelnen Lösungswörter findest du unten!

Woher das Tier seinen Namen hat

Sciurus, sein wissenschaftlicher Name, bedeutet »Schattenschwanz«. Früher glaubte man nämlich, dass das possierliche Tier seinen breiten Puschelschwanz als Sonnenschirm benutzt. Tatsächlich braucht es ihn aber, um weite Sprünge von Ast zu Ast und Baum zu Baum zielgenau steuern zu können. Seine Angewohnheit, nicht nur Eicheln, sondern auch Bucheckern und Haselnüsse als Wintervorrat einzugraben, zeugt von gewisser Intelligenz. Doch weil so ein kleines Gehirn sich nicht alle Verstecke merken kann, die es im Herbst angelegt hat, sprießen aus so manchen vergessenen Vorratslagern im Frühjahr kleine Haselsträucher, Buchen und Eichen. Allerdings stimmt es nicht, dass sich sein Name von »Eiche« herleitet. Der Ursprung lässt sich wahrscheinlich auf das althochdeutsche *aig* zurückführen, was »agil«, also »sehr beweglich« bedeutet. Doch woher stammt die Bezeichnung Hörnchen? Eine plausible Erklärung hierfür ist, dass die gekrümmte Hockstellung, in der man die Tiere oft sehen kann, unsere Urahnen an das Horn eines Postillions erinnerte.

Lösungswörter in den einzelnen Kapiteln: 1. Eisvogel, 2. Kleiber, 3. Eichelhäher, 4. Uhu, 5. Auerhahn, 6. Wölfe, 7. Strandkrabbe, 8. Rebhuhn, 9. Rothirsch, 10. Wollnashorn, 11. Gämse, 12. Haselhuhn